职业院校
工作过程知识竞赛操作指南

"依标准，说职业"——职业院校工作过程知识竞赛职业认知模式的探索与实践

蒋文沛　刘义军　易著梁　著

中国水利水电出版社
www.waterpub.com.cn

·北京·

内 容 提 要

本书既是工作过程知识竞赛组织者的操作手册,也是工作过程知识竞赛参与者的活动说明书。它详细介绍了工作过程知识竞赛产生的原因、举办的基础和设计依据,同时对如何组织举办该活动以及如何参与该活动做了详细说明,并提供了活动的成果实例。

本书是职业院校学生和青年教师参加工作过程知识竞赛的指导书,也可供职业院校青年教师和学生参加职业认知活动或职业认识实习时参考,还可作为职业院校职业生涯规划课程的补充读物。

图书在版编目（CIP）数据

职业院校工作过程知识竞赛操作指南：" 依标准,说职业 " ：职业院校工作过程知识竞赛职业认知模式的探索与实践 / 蒋文沛, 刘义军, 易著梁著. -- 北京：中国水利水电出版社, 2022.2
ISBN 978-7-5226-0450-3

Ⅰ. ①职… Ⅱ. ①蒋… ②刘… ③易… Ⅲ. ①职业教育－职业选择－教学研究 Ⅳ. ①G717.38

中国版本图书馆CIP数据核字(2022)第019775号

书　　名	职业院校工作过程知识竞赛操作指南 "依标准,说职业"——职业院校工作过程知识竞赛职业认知模式的探索与实践 ZHIYE YUANXIAO GONGZUO GUOCHENG ZHISHI JINGSAI CAOZUO ZHINAN
作　　者	蒋文沛　刘义军　易著梁　著
出版发行	中国水利水电出版社 （北京市海淀区玉渊潭南路1号D座　100038） 网址：www.waterpub.com.cn E-mail：sales@waterpub.com.cn 电话：(010) 68367658（营销中心）
经　　售	北京科水图书销售中心（零售） 电话：(010) 88383994、63202643、68545874 全国各地新华书店和相关出版物销售网点
排　　版	中国水利水电出版社微机排版中心
印　　刷	清淞永业（天津）印刷有限公司
规　　格	184mm×260mm　16开本　5.75印张　113千字
版　　次	2022年2月第1版　2022年2月第1次印刷
印　　数	0001—3000册
定　　价	**28.00元**

凡购买我社图书，如有缺页、倒页、脱页的，本社营销中心负责调换

版权所有·侵权必究

前言

  2015年10月中旬，为了解学生的学习现状，笔者（当时在广西机电职业技术学院工作）在学生中举办了一场座谈会，会上笔者给学生做了主题为"如何搞好我们的职业学习"的报告，报告中谈到，我们的学习世界（专业、课程、教材）与工作世界（职业、岗位、主要工作任务）存在十分密切的对应关系，要搞好职业学习，既可以从学习世界入手，也可以从工作世界入手，既可以"学中做"，也可以"做中学"。学生对学习世界了解不够、兴趣不高，是因为对工作世界缺乏了解。会后通过与学生交流了解，学生对报告的内容很感兴趣，普遍反映很好。受此学生启发，笔者根据报告的内容设计出学生工作过程知识竞赛，决定通过活动来引导学生主动去寻找本专业面向哪些职业，这些职业有哪些岗位群，这些岗位群有哪些主要工作任务，然后要求学生按照统一格式对这些主要工作任务进行描述，形成规范的职业认知文本，最后要求学生按指定格式制作ppt并登台演讲与答辩。活动于当年10月下旬开始举办，12月中旬结束。进入决赛的18个学生团队都说收获很大，这些收获集中体现在职业认知、团队合作、学习目标明确、信息搜索和计算机操作等几个方面。工作过程知识竞赛就这样诞生了，并从当时笔者所在学院逐步向外推广开来，目前已推广到广西壮族自治区内外40多所职业院校，深受举办院校广大师生的欢迎。

  工作过程知识竞赛的实质就是一个学生职业认知活动或者说是一个学生说职业活动，其目的是弥补职业院校学生职业启蒙教育与职业认识实习的不足，促进学生明确专业学习目标，激发学生专业学习动力，增强学生专业学习兴趣。活动之所以命名为工作过程知识竞赛，一是因为它的内容有助于呈现显性的工作过程知识，二是因为随着活动的不断深入开展，其效果会大大超越职业认知的范畴。编写本书的目的就是引导并帮助越来越多的职业院校学生来认识职业。

　　本书共分为九章，第一章主要介绍工作过程知识竞赛的定义、产生的原因、举办的基础、实践的成效和创新点。第二章主要介绍工作过程知识竞赛设计的基本依据、文件依据和理论依据。第三章主要介绍工作过程知识竞赛的通知格式、活动的题目与评分标准。第四章主要介绍工作过程知识竞赛常用答题资料[如国家职业分类大典、国家职业教育专业目录、职业信息与培训项目（专业）对应指引、国家职业标准、国家职业教育专业教学标准、行业典型企业岗位标准等]在工作过程知识竞赛中的运用。第五章主要介绍工作过程知识竞赛初赛答题时如何确定专业的培养目标、如何确定专业面向的主要就业岗位、如何确定岗位的主要工作任务、如何描述岗位的主要工作任务、如何描述参赛收获、如何标注参考文献、如何审核职业（岗位）认知文本。第六章主要介绍工作过程知识竞赛的初赛培训、复赛培训、决赛培训、线上指导、安全指导以及常见问题答疑。第七章主要介绍工作过程知识竞赛的赛前具体步骤、赛中具体步骤和赛后建议步骤。第八章主要介绍工作过程知识竞赛方案实例。第九章主要介绍工作过程知识竞赛作品实例。

　　本书由广西水利电力职业技术学院蒋文沛教授主笔，广西机电职业技术学院刘义军副教授、南宁职业技术学院易著梁教授参与了本书的第一章和第二章的编写以及全书的校订工作。

　　本书的形成前后跨度近六年，期间是以笔者制作的数十个小ppt形式呈现的，它的产生得到了广西机电职业技术学院团委书记吴少强、广西交通运输学校信息技术专业科科长兰兵、广西华侨学校原副校长陈锐亮、广西制造工程职业技术学院党委书记劳泰伟（原广西机电工程学校党委书记兼校长）、广西轻工技师学院党委书记蒋祖国、柳州市第二职业技术学校副校长李娜、广西桂林农业学校副校长班祥东等职业教育同行的帮助，本书的编写与出版离不开笔者单位广西水利电力职业技术学院领导与同事们大力的支持与鼓励，在此一并表示衷心的感谢！

　　由于作者水平有限，书中难免存在不足之处，敬请读者朋友批评指正！

蒋文沛
2021.11.29 于南宁

目 录

前言

第一章 概述 ··· 1
  第一节 工作过程知识竞赛的定义 ······················· 1
  第二节 工作过程知识竞赛产生的原因 ··············· 2
  第三节 举办工作过程知识竞赛的基础 ··············· 3
  第四节 工作过程知识竞赛的实践成效 ··············· 4
  第五节 工作过程知识竞赛的创新点 ··················· 5

第二章 工作过程知识竞赛设计的依据 ········· 7
  第一节 工作过程知识竞赛设计的基本依据 ······· 7
  第二节 工作过程知识竞赛设计的文件依据 ······· 9
  第三节 工作过程知识竞赛设计的理论依据 ····· 10

第三章 举办工作过程知识竞赛的通知 ······· 14
  第一节 通知正文参考格式 ································ 14
  第二节 报名表参考格式 ···································· 16
  第三节 初赛题目 ·· 17
  第四节 复赛题目 ·· 25
  第五节 决赛参考组织方案 ································ 29
  第六节 活动作品评分标准 ································ 31
  第七节 决赛提问参考提纲 ································ 33

第四章 工作过程知识竞赛常用答题资料 ··· 34
  第一节 国家职业分类大典 ································ 34
  第二节 国家职业教育专业目录 ························ 34
  第三节 职业信息与培训项目（专业）对应指引 ···· 35
  第四节 国家职业标准 ·· 35
  第五节 国家职业教育专业教学标准 ················ 36

第六节　国家职业教育专业顶岗实习标准⋯⋯⋯⋯⋯⋯⋯⋯⋯⋯⋯⋯⋯36

　　第七节　国家专业教学资源库⋯⋯⋯⋯⋯⋯⋯⋯⋯⋯⋯⋯⋯⋯⋯⋯36

　　第八节　专业人才培养方案⋯⋯⋯⋯⋯⋯⋯⋯⋯⋯⋯⋯⋯⋯⋯⋯⋯37

　　第九节　专业课程标准⋯⋯⋯⋯⋯⋯⋯⋯⋯⋯⋯⋯⋯⋯⋯⋯⋯⋯⋯37

　　第十节　行业典型企业岗位标准⋯⋯⋯⋯⋯⋯⋯⋯⋯⋯⋯⋯⋯⋯⋯38

　　第十一节　人才网招聘信息⋯⋯⋯⋯⋯⋯⋯⋯⋯⋯⋯⋯⋯⋯⋯⋯⋯38

第五章　工作过程知识竞赛初赛答题说明⋯⋯⋯⋯⋯⋯⋯⋯⋯⋯⋯⋯⋯40

　　第一节　如何确定专业的培养目标⋯⋯⋯⋯⋯⋯⋯⋯⋯⋯⋯⋯⋯⋯40

　　第二节　如何确定专业面向的主要就业岗位⋯⋯⋯⋯⋯⋯⋯⋯⋯⋯40

　　第三节　如何确定岗位的主要工作任务⋯⋯⋯⋯⋯⋯⋯⋯⋯⋯⋯⋯41

　　第四节　如何描述主要工作任务⋯⋯⋯⋯⋯⋯⋯⋯⋯⋯⋯⋯⋯⋯⋯42

　　第五节　如何描述参赛收获⋯⋯⋯⋯⋯⋯⋯⋯⋯⋯⋯⋯⋯⋯⋯⋯⋯44

　　第六节　如何标注参考文献⋯⋯⋯⋯⋯⋯⋯⋯⋯⋯⋯⋯⋯⋯⋯⋯⋯44

　　第七节　如何审核初赛答题结果⋯⋯⋯⋯⋯⋯⋯⋯⋯⋯⋯⋯⋯⋯⋯45

第六章　工作过程知识竞赛的培训与指导⋯⋯⋯⋯⋯⋯⋯⋯⋯⋯⋯⋯⋯47

　　第一节　初赛培训⋯⋯⋯⋯⋯⋯⋯⋯⋯⋯⋯⋯⋯⋯⋯⋯⋯⋯⋯⋯⋯47

　　第二节　复赛培训⋯⋯⋯⋯⋯⋯⋯⋯⋯⋯⋯⋯⋯⋯⋯⋯⋯⋯⋯⋯⋯47

　　第三节　决赛培训⋯⋯⋯⋯⋯⋯⋯⋯⋯⋯⋯⋯⋯⋯⋯⋯⋯⋯⋯⋯⋯48

　　第四节　线上指导⋯⋯⋯⋯⋯⋯⋯⋯⋯⋯⋯⋯⋯⋯⋯⋯⋯⋯⋯⋯⋯49

　　第五节　安全指导⋯⋯⋯⋯⋯⋯⋯⋯⋯⋯⋯⋯⋯⋯⋯⋯⋯⋯⋯⋯⋯51

　　第六节　常见问题答疑⋯⋯⋯⋯⋯⋯⋯⋯⋯⋯⋯⋯⋯⋯⋯⋯⋯⋯⋯51

第七章　工作过程知识竞赛的组织与实施⋯⋯⋯⋯⋯⋯⋯⋯⋯⋯⋯⋯⋯53

　　第一节　赛前具体步骤⋯⋯⋯⋯⋯⋯⋯⋯⋯⋯⋯⋯⋯⋯⋯⋯⋯⋯⋯53

　　第二节　赛中具体步骤⋯⋯⋯⋯⋯⋯⋯⋯⋯⋯⋯⋯⋯⋯⋯⋯⋯⋯⋯53

　　第三节　赛后建议步骤⋯⋯⋯⋯⋯⋯⋯⋯⋯⋯⋯⋯⋯⋯⋯⋯⋯⋯⋯54

第八章　工作过程知识竞赛方案实例⋯⋯⋯⋯⋯⋯⋯⋯⋯⋯⋯⋯⋯⋯⋯55

第九章　工作过程知识竞赛作品实例⋯⋯⋯⋯⋯⋯⋯⋯⋯⋯⋯⋯⋯⋯⋯59

参考文献⋯⋯⋯⋯⋯⋯⋯⋯⋯⋯⋯⋯⋯⋯⋯⋯⋯⋯⋯⋯⋯⋯⋯⋯⋯⋯⋯85

第一章 概述

第一节 工作过程知识竞赛的定义

工作过程知识竞赛是职业院校学生对专业面向的职业进行认知的一项普及性学研活动，是一项自下而上推动职业教育教、学、研模式变革的职业认知活动，具有普及性、探究性、便捷性、经济性、共享性等特点。对职业院校学生而言，认知专业面向的职业是明确学习目标，主动学习专业知识和技能、培养职业核心能力、正确规划职业生涯的基础。

工作过程知识竞赛紧紧围绕"职业"这个核心，聚焦如何解决职业院校学生中普遍关心的"学什么""学了做什么""怎么做得好"等困惑和迷茫，引导学生利用"互联网+"优势构建课外学习小组，以国家职业教育教学标准、国家职业分类大典、国家职业标准以及行业典型企业岗位标准等（以下简称标准）为依据，主动去发现本专业面向哪些职业，这些职业有哪些岗位群，这些岗位群有哪些主要工作任务，然后要求学生按照统一格式对这些主要工作任务进行描述，形成规范的职业（岗位）认知文本（Word作品），最后要求学生按指定格式制作职业（岗位）认知报告（ppt作品）并登台演讲与答辩。整个过程可以概括成"六个步骤，三大阶段"，简称"六步三阶"说职业。

"六步"具体指：第一步，查职业，通过查标准，定位专业面向的职业，确定培养目标，明确学习方向；第二步，定岗位，通过查标准，找准主要就业岗位；第三步，抓任务，通过以查找标准为主，其他检索和调研为辅，确定主要就业岗位的主要工作任务；第四步，写任务，通过以查找标准为主，其他检索和调研为辅，明工作过程，分别对已确定的主要工作任务进行描述；第五步，做任务，对某一主要工作任务进行剖析和实际操作，并制作该主要工作任务操作视频作品；第六步，说职业，展示活动产生的Word作品、ppt作品与视频作品，汇报活动收获并接受答辩。

"三阶"具体指：初赛、复赛和决赛三个阶段。初赛的主要任务是编制职业（岗位）认知文本，对应完成第一步至第四步；复赛的主要任务是制作职业（岗位）认知报告ppt作品与一个主要工作任务操作视频，对应完成第五步；决赛的主要任务是展示活动成果与演讲，对应完成第六步。

简单地说，工作过程知识竞赛是引导参赛学生将专业面向的职业岗位群及其主要工作任务描述出来的小组学习活动，其目的是提高参赛学生的职业认知水平，帮助学生明确专业学习目标，增强学生学习专业的主动性和自觉性。

通俗地说，工作过程知识竞赛就是一个学生职业认知活动或者说是一个学生说职业活动。概括地说，工作过程知识竞赛就是学生"依标准，说职业"。

第二节 工作过程知识竞赛产生的原因

工作过程知识竞赛不是预先设计出来的，而是我们在与学生的交流中顿悟得出的，其产生的直接原因是"学生渴望充分的职业认知"，而导致学生职业认知不足的原因则是我们对学生的职业启蒙教育和职业认识实习教育不足。

国际上通常将职业教育分为职业启蒙教育、职业准备教育和职业继续教育三个阶段。其中职业启蒙教育主要是针对小学和初中学生进行的必要劳动：一是职业观念和各产业生产劳动所共同具有的最基本的技能技巧方面的启蒙教育；二是基础教育的重要组成部分。职业启蒙阶段的职业指导包括：第一，使学生了解自己的特长（了解自己）。第二，帮助学生了解社会职业，了解就业政策。第三，帮助学生学会决策技术（学会决策），树立正确的价值观、培养确定方向的能力。因众所周知的原因，我国的职业启蒙教育还处在起步阶段。

职业学校学生实习，是指实施全日制学历教育的中职学校、高职专科学校、高职本科学校（以下简称职业学校）学生按照专业培养目标要求和人才培养方案安排，由职业学校安排或者经职业学校批准自行到企（事）业等单位进行职业道德和技术技能培养的实践性教育教学活动，包括认识实习和岗位实习。认识实习是指学生由职业学校组织到实习单位参观、观摩和体验，形成对实习单位和相关岗位的初步认识的活动，往往安排在一年级进行。然而因客观条件不足，当前不少职业院校难以安排低年级学生进行职业认识实习或进行充分的职业认识实习。

由于职业启蒙教育和职业认识实习不足，所以在职业院校低年级学生中普遍存在职业认知不足问题，具体表现为学生对本专业面向的职业、岗位以及岗位中的主要工作任务不清楚，特别是对职业岗位中主要工作任务的工作内容和步骤、劳动工具、劳动组织方式、工作方法和工作要求等认知不够。因而很容易导致职业院校低年级学生专业学习目标不明，学习氛围不浓厚。要提高职业院校的人才培养质量，必须去探索解决这些问题。工作过程知识竞赛的产生恰好吻合了"学生渴望充分的职业认知"这个客观需求。

第三节 举办工作过程知识竞赛的基础

举办工作过程知识竞赛离不开工作过程知识竞赛平台的支撑，这个平台是在社会职业及岗位群的基础上，以国家职业教育教学标准、国家职业分类大典、国家职业标准以及行业典型企业岗位标准为主要支撑搭建的一个平台（见图1）。学生在这个平台上组建学习小组，深入挖掘国家职业教育教学标准、国家职业分类大典、国家职业标准以及行业典型企业岗位标准等的应用价值，主动去"学标准、定岗位、抓任务、说职业"，即一起去学习相关标准，一起探究本专业主要有哪些就业岗位，这些岗位有哪些主要工作任务，这些主要工作任务的具体内容是什么，然后就探究学习的成果进行登台演讲（即说职业）与答辩，从而明确学习目标。

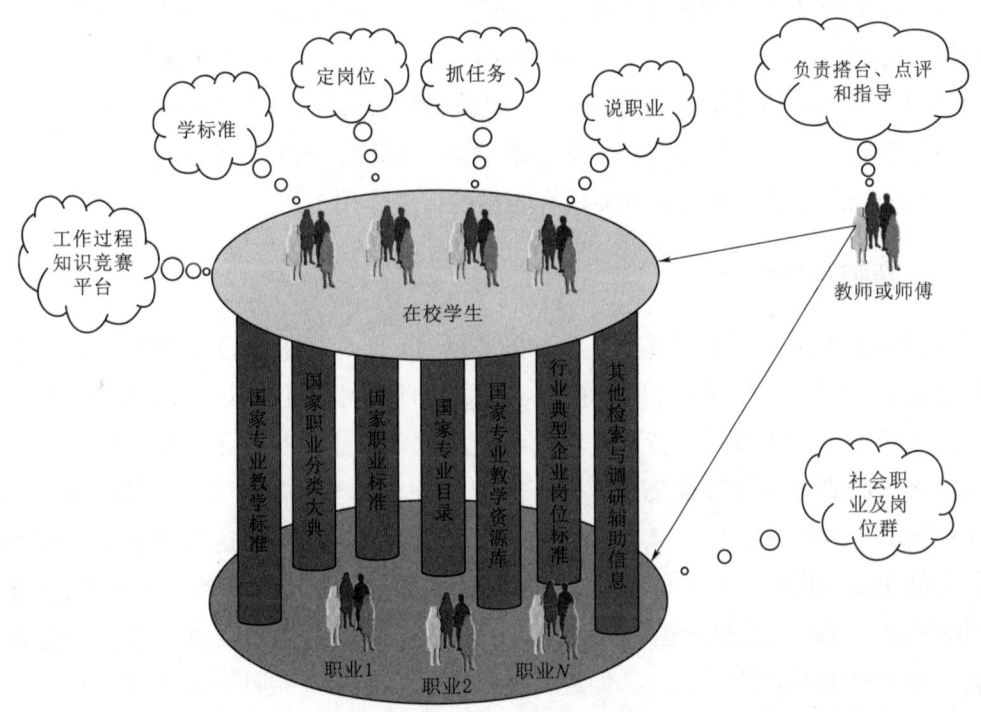

图1 基于标准搭建的工作过程知识竞赛平台模型

因此，举办工作过程知识竞赛的基础是与职业教育相关的一系列国家标准以及行业企业标准，这些标准主要指国家职业教育教学标准、国家职业分类大典、国家职业标准以及行业典型企业岗位标准，其中国家职业教育教学标准主要指教育部颁布的国家职业教育专业目录、国家职业教育专业教学标准以及国家职业教育专业顶岗实习标准等。这些标准具体如何运用，在本书第四章和第五章中再详细介绍。

第四节　工作过程知识竞赛的实践成效

一、应用与推广面大

工作过程知识竞赛的举办不受专业和年级的限制，自2015年10月以来，它已在广西壮族自治区12个地市40多所职业院校中得到推广与应用，目前该活动已成功推广到自治区外的湖北和浙江等地。

二、学生受益显著

据不完全统计，截至2021年5月，累计各地各校举办工作过程知识竞赛的情况，参与学生已达5万多人，直接受益学生达8万多人，覆盖学生超过15万人。活动成果丰硕，收到学生上交的职业（岗位）任务认知文本1万多件，职业（岗位）任务认知报告ppt作品达3000多件。举办院校普遍反映，参与学生在职业认知、团队合作、明确学习目标以及信息检索与处理等方面收获很大，该活动对调动学生积极投入职业学习很有帮助，对学生学习国家职业教育教学标准、国家职业标准和行业典型企业岗位标准以及专业人才培养方案具有明显的促进作用。

三、教师获益突出

随着学生工作过程知识竞赛在各地的不断推广，广西机电工程学校、武汉东西湖职业技术学校、柳州市第二职业技术学校、广西玉林农业学校等10多所学校已将此方法用于训练青年教师，特别是广西机电工程学校连续举办了三届教师工作过程知识竞赛，收到的效果都很突出。据不完全统计，截至2021年5月，教师参与学生活动指导的达5000多人次，亲自参与教师工作过程知识竞赛的达1500多人，收到教师上交的职业（岗位）任务认知文本500多件，职业（岗位）任务认知报告ppt作品达300多件，直接受益教师达8000多人。举办院校普遍反映，工作过程知识竞赛在提高青年教师的职业认识水平、促进专业教师团队主动对接社会需求以及积极运用国家职业教育教学标准、国家职业标准以及行业典型企业岗位标准等方面成效显著。

四、企业认同度高

工作过程知识竞赛不仅得到应用过的职业院校普遍认可，也得到了企业界的高度赞扬。不少职业院校在工作过程知识竞赛中都邀请了企业人士参与并做评委，他们对工作过程知识竞赛的认同都相当高，如：

华强集团南宁智源公司总经理张德芳说："活动的职业性很突出，它让学生早日关注了企业对人才的需求，对学生今后将自己培养成为企业真正需要的人很有帮助。"

广西建工集团海河水利建设有限责任公司人力资源部经理李奋强说："企业用人讲岗位工作要求，除了专业技术能力还特别重视求职者的综合素质，这个活动很好地将职业学习与企业的用人实际需求结合起来，很有意义。"

中国能源建设集团广西水利电力建设集团有限公司副总工程师何武志说："我还是第一次见到能在学生中开展这样的活动，这个活动能调动学生的学习积极性，很受学生欢迎。按照这个思路做下去，就是接地气、有前途的职业教育"。

五、媒体报道广泛

工作过程知识竞赛受到新闻媒体广泛关注，以百度和微信分别搜索关键词"工作过程知识竞赛"得出新闻达200多条，在八桂职教网报道工作过程知识竞赛的新闻达31条，各举办学校校园网上发布与工作过程知识竞赛有关的新闻累计达几百条，2017年5月7日武汉晚报07版以《要把学生教好 先让老师练好 东西湖职校把老师"逼"上擂台》为题对武汉东西湖职业技术学校举办教师工作过程知识竞赛的实况进行了报道。2021年7月8日广西日报06版以《让学生上台"说职业"，破解职教三大难题——广西职业院校工作过程知识竞赛职业认知模式的创新与实践》为题对工作过程知识竞赛进行了报道。

第五节 工作过程知识竞赛的创新点

一、提出了依据标准进行职业认知的新理念

工作过程知识竞赛以国家职业教育教学标准、国家职业分类大典、国家职业标准以及行业典型企业岗位标准为主要依据，引导学生组建学习小组，深入挖掘国家职业教育教学标准、国家职业分类大典、国家职业标准以及行业典型企业岗位标准等的应用价值，团队协作自主地开展职业认知探究性学习，让学生明晰职业发展方向和成长规律，激发学生学习的自主性和积极性，形成了"依标准，说职业"的职业院校工作过程知识竞赛职业认知模式，并已经为40多所职业院校实践所证明，具有很强的可操作性和示范性。

二、摸索出一条化解学生学习目标不明的新路径

针对学生学习目标不明的问题，工作过程知识竞赛通过设计"六步三阶""依标准，说职业"的职业认知模式，借助国家职业教育教学标准、国家职业分类大典、

国家职业标准以及行业典型企业岗位标准和"互联网+"优势，让学生主动去了解工作世界里的职业群、岗位群以及岗位中的主要工作任务，明白完成自己学习世界中相应学习任务的重要性。同时工作过程知识竞赛还通过引导学生学习国家职业教育专业教学标准中的专业培养目标，有助于学生树立明确的专业学习目标。实践证明，上述路径对化解学生学习目标不明是很有效的。

三、构建了第一课堂与第二课堂融合育人新机制

工作过程知识竞赛以国家职业教育教学标准、国家职业分类大典、国家职业标准以及行业典型企业岗位标准为依据，将与第一课堂紧密相关的"学标准、定岗位、抓任务、说职业"设计为学生第二课堂活动内容，同时借助第二课堂原有的机制如组织机构和激励制度等，帮助学生掌握专业面向岗位需要的知识和技能，实现第一课堂和第二课堂协同互补、有效融合，构建了第一课堂与第二课堂融合育人新机制，助推职业教育教学改革和人才培养质量提升。

四、创新了职业教育相关标准的运用方式

国家职业分类大典、国家职业教育专业目录、国家职业标准以及行业典型企业岗位标准、国家专业教学标准、国家专业顶岗实习标准等常用于第一课堂，运用者往往是教师。工作过程知识竞赛能巧妙地将上述内容设计为第二课堂活动的参考依据，让学生成功地变为标准的运用主体，这就创新了职业教育教学标准和国家职业标准以及行业典型企业岗位标准的运用方式。学生学习国家职业教育教学标准和国家职业标准以及行业典型企业岗位标准如同客户了解了职业教育服务的内容和要求，这对促进职业教育改革有着十分重要的作用。同时，随着工作过程知识竞赛在校园中不断应用和推广，越来越多的学生得以了解和熟悉这些标准，这对加快国家职业教育教学标准和职业标准以及行业典型企业岗位标准在校园中的落地进程有着十分重要的意义。

第二章
工作过程知识竞赛设计的依据

第一节　工作过程知识竞赛设计的基本依据

工作过程知识竞赛设计的基本依据是专业与行业、职业之间的关系，专业与行业、职业之间的关系具体体现在国民经济行业分类、国家职业分类大典和国家职业教育专业目录之间的关系中。

一、国民经济行业分类

《国民经济行业分类》（GB/T 4754—2017）由国家统计局起草，国家质量监督检验检疫总局、国家标准化管理委员会批准发布，采用经济活动的同质性原则划分国民经济行业，对从事国民经济生产和经营的单位或者个体的组织结构体系的详细划分，如建筑业、金融业、银行业等，共计划分为门类20个，大类97个，中类473个，小类1381个，国民经济行业分类情况如图2所示。

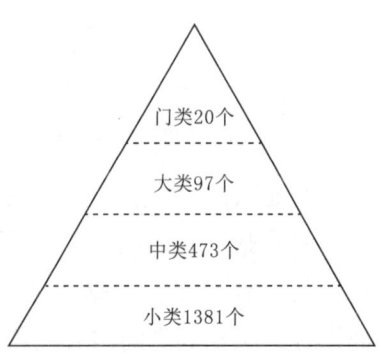

图2　国民经济行业分类情况

二、国家职业分类大典

《中华人民共和国职业分类大典》是依据《中华人民共和国劳动法》规定："国家确定职业分类，对规定的职业制定职业技能标准，实行职业资格证书制度"，由人力资源和社会保障部、国家质量监督检验检疫总局、国家统计局联合组织编制的。中央、国务院50多个部门以及有关研究机构、大专院校和部分企业的近千名专家学者参加了《中华人民共和国职业分类大典》的编制工作。

《中华人民共和国职业分类大典》编制工作于1995年初启动，历时4年，1999年初通过审定，1999年5月正式颁布。2010年逐步启动了各个行业的修订工作。2015年7月29日，国家职业分类大典修订工作委员会召开全体会议审议、表决通过并颁布了2015版《中华人民共和国职业分类大典》。

2015版《中华人民共和国职业分类大典》将职业分为大类8个、中类75个、小类434个、细类1481个。国家职业分类情况如图3所示。

三、国家职业教育专业目录

国家《职业教育专业目录》依据《国民经济行业分类》、国家职业分类大典及新职业目录，2021版专业目录分为专业大类19个，专业类97个，专业1349个。其中中职专业358个、高职专科专业744个、高职本科专业247个。国家职业教育专业分类情况如图4所示。

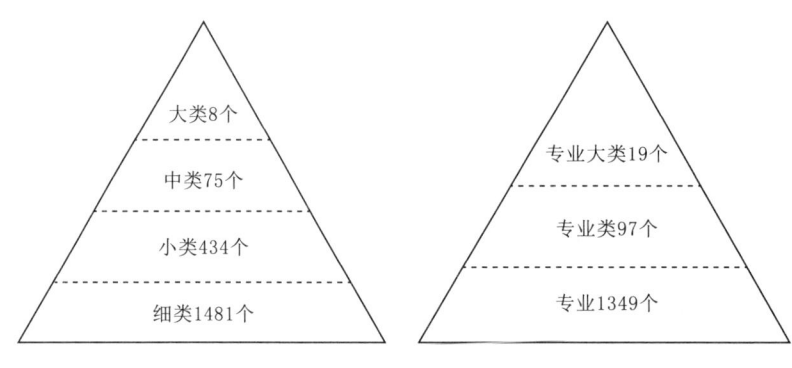

图3 国家职业分类情况　　图4 国家职业教育专业分类情况

专业大类对应产业，专业类对应行业，专业对应职业岗位群或技术领域。

职业教育是以就业为导向的教育，根据国家对职业教育的顶层设计，国家《职业教育专业目录》依据《国民经济行业分类》和《中华人民共和国职业分类大典》而设计，从它们之间的对应关系可以得出专业与行业、职业之间的关系如图5所示。

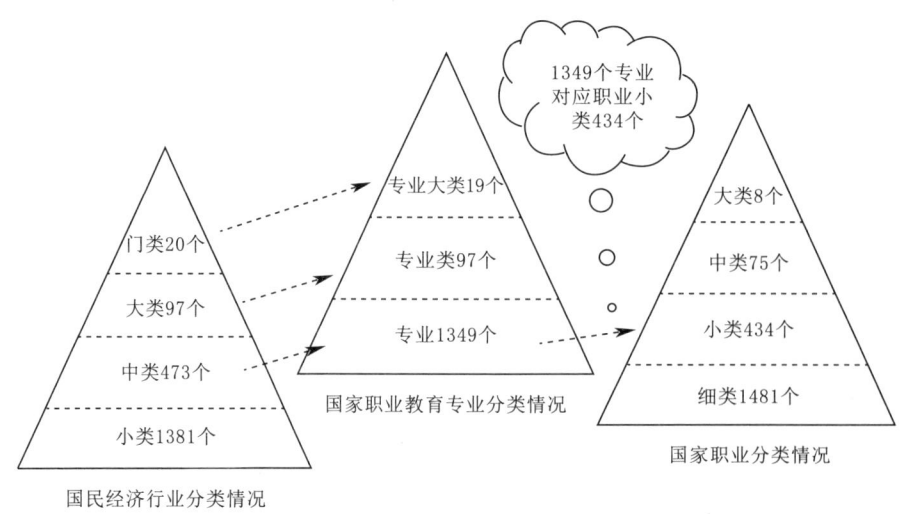

图5 专业与行业、职业之间的关系

第二节　工作过程知识竞赛设计的文件依据

工作过程知识竞赛设计的文件依据之一是教育部办公厅下发的《教育部办公厅关于制订中等职业学校专业教学标准的意见》(教职成厅〔2012〕5号)，该文件对专业教学标准的内容（如专业名称、入学要求、基本学制、培养目标、职业范围、人才规格、主要接续专业、课程结构、课程设置及要求、教学时间安排、教学实施、教学评价、实训实习环境、专业师资等）做了详细的说明，同时对专业教学标准编写框架以及专业教学标准调研方案做了具体的要求。工作过程知识竞赛在方案设计上主要参考了该文件的专业培养目标、职业范围以及工作任务与职业能力分析表的阐述格式。参照该文件，我们将工作过程知识竞赛初赛题目中对专业面向的主要就业岗位的表达格式设计为表1的形式。

表1　　　　　　　　专业面向的主要就业岗位

岗 位 类 型	主要就业岗位名称	对应的职业资格证书举例
初 始 岗 位		
发 展 岗 位		
新 岗 位		

设计工作过程知识竞赛的文件依据之二是人力资源和社会保障部办公厅印发的《关于印发一体化课程开发技术规程（试行）的通知》(人社厅发〔2012〕30号)，该文件对一体化课程概念与开发原则、内容结构与方案编写体例、开发程序给出明确说明，并提供标准化参考模板。工作过程知识竞赛在方案设计上主要参考了该文件对典型工作任务的描述格式。参照该文件，我们将工作过程知识竞赛初赛题目中对主要工作任务描述的格式设计为表2的形式。

表 2　　　　　　　　　　主要工作任务描述表

主要工作任务描述		
工作内容及步骤：	工具、材料、设备与资料： 工作方法： 劳动组织方式：	工作要求：

第三节　工作过程知识竞赛设计的理论依据

策划工作过程知识竞赛的理论依据主要有：工作过程知识及其课程改革理论、学习共同体理论、探究性学习理论、"互联网+教学"理论、金字塔学习理论等。

一、工作过程知识及其课程改革理论

（一）工作过程

工作过程是工作人员在工作场地利用工作资源完成一项工作任务并获得工作成果的一系列活动。工作过程是指完整的工作进程，即工作任务是怎样被完成的，通常情况下包含着"明确任务"、"制订计划"、"作出决策"、"实施"、"控制"和"评价反馈"六个阶段。

工作过程的主要要素包括：人、工作对象、劳动工具、工作方法和工作产品。

这些要素相互作用，并在特定的工作环境下完成要求的工作成果，随之工作过程结束。人在整个工作过程中是核心要素，工作过程是"人"的活动过程，而不是企业的生产流程。工作对象是劳动者可以改变、加工、运输或再加工的原料并紧接着能传递给下一个劳动者，它可以是某种形状的一块木头或是一块金属。劳动工具首先是技术的外显形式，它处于技术工人和工作对象之间，对劳动工具的要求、选择和应用是由工作过程确定的。工作方法表达的是工作的一种方式并通过工作过程中自己采取的行动经验而完成任务的一种方式。

为了系统地理解工作过程，必须全面地理解工作对象、劳动工具、工作方法以及社会、企业和顾客对工作所提出的要求。

（二）工作过程知识

工作过程知识的概念是由德国学者克鲁斯（W. Kruse）在1986年首先提出来的。他从由各个工作岗位组成的相互交融和相互关联的网络中引出工作过程知识的必要性。由于生产领域和管理领域的各个岗位都形成了网络，某个单一的工作岗位就常常不易被人看清楚。所以克鲁斯就定义了工作过程知识的概念。"所谓工作过程知识就是指在与产品相关的、技术方面的、劳动组织方面的、社会方面及系统相关的层面上对由相关人员参加的整体工作过程的理解。"

工作过程知识是指有丰富经验的技术工人所特有的、与生产过程相关的知识。它不仅是在工作过程中直接需要的（区别于学科系统化的知识），而且是在工作过程中自我获得的，特别需要通过经验性学习后，在工作经验与理论反思间的特定关系中产生。工作过程知识多数是隐性的（默会知识），是生产经验与专业理论知识相结合的产物，其结合的紧密程度与工作者个体和工作任务的复杂程度有关。

工作过程知识使人们可以实践性和反馈性地感知职业工作任务，并从个人、企业和社会的角度明确了工作对象、工作方法、劳动工具、劳动组织以及工作对象和劳动形式的要求。

（三）工作过程知识的课程改革理论

职业教育作为一种教育类型，其课程设计绝不仅仅是反映企业的岗位需要，而且还要遵循学习规律、遵循人的职业成长和职业生涯发展规律。本耐和德莱福斯（S.E. Dreyfus）等的研究发现：人的职业成长遵循"从初学者到专家"的逻辑发展规律，其发展过程分为初学者、高级初学者、有能力者、熟练者和专家等五个阶段。职业教育的任务是通过科学的方法，把学习者从较低发展阶段顺序带入到更高级的阶段，其过程是"从完成简单任务到完成复杂任务"的能力发展，而不仅是"从不知道到知道"的知识学习和积累；必须找到合适的载体（如学习情境和学习任务）才可能有序、高效地实现这一发展过程。此后，德国著名的职业教育学者劳耐尔（F.Rauner）教授和他的团队等发现和确认了各发展阶段对应的知识形态，在一系列研究成果的基础上形成了以工作过程为导向的职业教育理论，20世纪90年代后期开始在德国推行的"学习领域课程方案"就是该理论在实践中的应用。该理论于21世纪初被我国学者逐步介绍到我国，并在近年来职业教育的课程改革中产生了深远的影响，如著名的姜大源教授的工作过程系统化课程理论和赵志群教授的职业教育工学结合一体化课程理论，这为我们在课程开发中按照职业能力发展规律科学设计学习任务提供了重要的工具。

二、学习共同体理论

"学习共同体"（learning community）或译为"学习社区"，是指一个由学习者及其助学者（包括教师、专家、辅导者等）共同构成的团体，他们彼此之间经常在学习过程中进行沟通、交流，分享各种学习资源，共同完成一定的学习任务，因而在成员之间形成了相互影响、相互促进的人际联系。学校班级学习共同体是由学习者（学生）和助学者（教师）共同组成的，以完成共同的学习任务为载体，以促进成员全面成长为目的，强调在学习过程中以相互作用式的学习观作指导，通过人际沟通、交流和分享各种学习资源而相互影响、相互促进的基层学习集体。它与传统教学班和教学组织的主要区别在于强调人际心理相容与沟通，在学习中发挥群体动力作用。

三、探究性学习理论

探究性学习（hands-on inquiry based learning，HIBL）是新课程倡导的一种学习理念、方法、模式。探究性学习能让学生从探究中主动获取知识，应用知识，解决问题，但并不是所有的问题都适合探究性学习模式，我们应该根据学生的认知基础选择是否用探究性学习方法，才能达到真正意义上的探究。

探究性学习指学生通过类似于科学家科学探究活动的方式获取科学知识，并在这个过程中，学会科学的方法和技能、科学的思维方式，形成科学观点和科学精神。探究性学习是一种学生学习方式的根本改变，学生由过去主要听从教师讲授，从学科的概念、规律开始学习的方式变为学生通过各种事实来发现概念和规律的方式。这种学习方式的中心是针对问题的探究活动，当学生面临各种让他们困惑的问题的时候，他就要作出各种猜测，要想法寻找问题的答案，在解决问题的时候，要对问题进行推理、分析，找出解决问题的方向，然后通过观察、实验来收集事实，也可以通过其他方式（如查阅文献资料、检索等）得到第二手的资料，通过对获得的资料进行归纳、比较、统计分析，形成对问题的解释。最后通过讨论和交流，进一步澄清事实、发现新的问题，对问题进行更深入的研究。

四、"互联网+教学"理论

"互联网+教学"不只是教学的网络化与数字化,而是基于教学本质和育人目标,将互联网思维、环境与技术等创新成果与教学思维、教学各要素、教学关系、教学结构与过程互相渗透、深度融合与双向超越,进而转变教学观念、创新教学理论、增能教学诸元素、开放教学系统、整合教学资源、构造开放和谐的教学生态环境、形成新型教学形态。这是一场教学范式的结构化变革。

五、金字塔学习理论

金字塔学习理论用数字形式形象显示了采用不同的学习方式,学习者在两周以后还能记住内容(平均学习保持率)的多少。自塔尖至塔底依次有七种学习方式,分别是:第一种学习方式——"听讲",也就是老师在上面说,学生在下面听,两周以后学习的内容只能留下5%;第二种,通过"阅读"方式学到的内容,可以保留10%;第三种,用"声音、图片"的方式学习,可以达到20%;第四种,是"示范",采用这种学习方式,可以记住30%;第五种,"小组讨论",可以记住50%的内容;第六种,"做中学"或"实际演练",可以达到75%;最后一种是"教别人"或者"马上应用",可以记住90%的学习内容。爱德加·戴尔提出,学习效果在30%以下的几种传统方式,都是个人学习或被动学习;而学习效果在50%以上的,都是团队学习、主动学习和参与式学习。学习金字塔也说明:学习方法不同,学习效果大不一样。因此,教师要学会调整甚至改变教学方式和角色,充分尊重学生在学习活动中的主体地位。

第三章
举办工作过程知识竞赛的通知

在学生中开展工作过程知识竞赛，首先要做的是面向学生下发一个正式通知，通知内容包括工作过程知识竞赛的赛程、初赛题目、复赛题目、决赛工作方案、作品评分标准以及决赛提问参考提纲等，本章给出活动通知的样式，整个活动一般用时45～60天，各举办单位可以根据自身实际对其中的事项与内容进行调整。

第一节　通知正文参考格式

关于举办第××届学生工作过程知识竞赛的通知

各系部：

为提高全院学生的职业认知水平，让学生进一步明确专业学习目标，现决定举办第××届学生工作过程知识竞赛，具体事宜通知如下：

一、组织机构

本次竞赛的主办部门为：×××，承办部门为：×××。

二、竞赛安排

竞赛以团队为单位参赛，每个团队3～5人，每个团队针对学院现有专业中的一个，利用活动指定的参考文献、互联网资源、图书馆资源等，对该专业面向的职业和岗位群以及岗位群对应的主要工作任务进行研究。竞赛分为初赛、复赛和决赛三个阶段进行，初赛以做Word文档的形式进行。复赛以完善Word文档和制作ppt文档的形式进行。决赛时，各决赛队通过现场讲解和答辩的形式进行成果展示，由评委现场打分，并按照得分情况评出各奖项。具体赛程见表3。

表3　　　　第××届学生工作过程知识竞赛赛程

环节	日　　期	事　　项	具　体　安　排
赛前	4月上旬	活动宣传	多种途径宣传，让学生知晓活动的基本内容与意义
赛前	4月13日	组织报名	由学生自由组队后填写报名表（见附件1），统一交到×××@qq.com
初赛	4月16日	初赛培训	举办初赛讲座，对各参赛团队介绍竞赛流程、竞赛题目（见附件2）和初赛答题说明
初赛	4月17日—5月7日	初赛答题	各参赛团队按照初赛题目的要求和答题说明完成初赛作品（Word作品）
初赛	5月8—10日	提交初赛材料	各参赛团队将制作好的初赛作品交至×××@qq.com
初赛	5月11日	初赛评审	评委评出复赛团队（具体多少个队根据实际确定），在竞赛QQ群里公布
复赛	5月12日	复赛培训	对所有复赛选手进行复赛培训，重点讲解如何完成复赛题目（ppt作品和视频作品）（见附件3）
复赛	5月22日	提交复赛材料	各团队按要求提交复赛作品至×××@qq.com
复赛	5月23日	复赛评审	评委对各团队提交的材料进行集中评审，评出10个团队进入决赛，注：未进入决赛的其余复赛团队获入围奖
决赛	5月24日	决赛培训	召开决赛说明会，说明决赛的要求和注意事项（见附件4）
决赛	6月2日	提交决赛材料	各决赛队伍将制作好的材料，按要求发送到×××@qq.com

续表

环节	日期	事项	具体安排
决赛	6月5日	决赛	各团队按顺序进行ppt汇报展示，评委进行现场随机提问并赋分，评分标准和提问参考提纲见附件5和附件6，根据得分情况决出各奖项

三、奖项设置

竞赛设一等奖1队、二等奖3队、三等奖6队、入围奖××队，所有获奖选手均颁发荣誉证书，并给予团队每一位成员该学期综合考评分别加10分、8分、6分、4分。

附件：

1. 工作过程知识竞赛报名表
2. 工作过程知识竞赛初赛题目
3. 工作过程知识竞赛复赛题目
4. 工作过程知识竞赛决赛工作方案
5. 工作过程知识竞赛作品评分标准
6. 决赛提问参考提纲

××职业技术学院

××××年××月××日

第二节 报名表参考格式

工作过程知识竞赛报名表见表4。

表4　　　　　　　　工作过程知识竞赛报名表

团队名称			
参赛专业（写全称）			

续表

团队成员 （组长填写在第一栏，每团队成员至多5人）	姓　　名	专业、年级	联系电话

填表说明：

1.团队名称各队自拟，但在用词方面要求以积极向上体现正能量为导向。

2.团队参赛专业为学校现有的各个专业，每个团队只填写一个专业。

3.若参赛学生较多，为减轻活动组织方工作量，可参考本表设计在线表格，由学生进行线上报名即可。具体见第七章第一节赛前具体步骤。

第三节　初　赛　题　目

工作过程知识竞赛初赛的题目是一个职业（岗位）认知空白文本，这个文本包括封面、目录、第一部分到第六部分，具体如下：

×××专业

职业（岗位）认知文本

×××团队

成员：×××　×××　×××　×××　×××　×××

20××年××月××日

目　　录

第一部分　×××专业培养目标 …………………………………… 19

第二部分　×××专业面向的主要就业岗位 …………………… 19

第三部分　主要就业岗位对应的主要工作任务……………………… 20

第四部分　主要工作任务分析……………………………………… 21

　　主要工作任务一　×××………………………………………… 21

　　主要工作任务二　×××………………………………………… 22

　　……

　　主要工作任务 N　×××………………………………………… 23

第五部分　参赛收获………………………………………………… 24

第六部分　参考文献………………………………………………… 24

第一部分　×××专业培养目标

本专业的培养目标如下：

本专业培养理想信念坚定，德、智、体、美、劳全面发展，具有一定的科学文化水平，良好的人文素养、职业道德和创新意识，精益求精的工匠精神，较强的就业能力和可持续发展的能力，掌握本专业知识和技术技能，面向××××××××××等职业群，能够从事××××××等工作的××××人才。

第二部分　×××专业面向的主要就业岗位

本专业面向的主要就业岗位分为三部分，即初始岗位、发展岗位和新岗位。初始岗位主要指本专业毕业生刚毕业进入社会从事的与本专业相关的职业岗位。发展岗位主要指本专业毕业生在初始岗位上获得一定工作经验后可升迁的职业岗位。新岗位是指本专业最近才出现的或不久的将来会出现的岗位。经过调研分析，我们小组认为：

表5　　　　　　　×××专业面向的主要就业岗位

岗 位 类 型	主要就业岗位名称	对应的职业资格证书举例
初 始 岗 位		
发 展 岗 位		
新 岗 位		

说明：在实际工作中，每个专业面向的主要就业岗位情况不一样，为便于竞赛的统一，建

议每个专业考虑总共定主要就业岗位 5~10 个,其中初始岗位定最主要的 3~5 个,发展岗位定最主要的 2~4 个,新岗位定 0~1 个。岗位名称一般以"员"、"工"或"师"字结尾。(答题完毕,请将本说明删掉,下同)

第三部分　主要就业岗位对应的主要工作任务

表 6　　　　　×××专业主要就业岗位对应的主要工作任务

主要就业岗位	主要工作任务	职业能力	备　注
	1.×××××		
	2.×××××		
	3.×××××		
	4.×××××		
	……		
	……		
	……		
	……		
	……		
	N.×××××		

说明:这里的主要就业岗位指的是第二部分定的主要就业岗位,每个岗位定主要工作任务 1~2 个,总计定 10~20 个主要工作任务并按顺序编号,主要工作任务的名称以"名词+动词"形式来命名,中间不含标点符号且不超过 10 个汉字。职业能力主要是指完成该主要工作任务应掌握的知识点和技能点。

第四部分 主要工作任务分析

主要工作任务一 ×××

主要工作任务描述	×××××××××××××× ×××××××××××××× ×××××××××××××× ××××××××××××	
工作内容及步骤： ××××× ×××××	工具、材料、设备与资料： ××××× 工作方法： ××××× 劳动组织方式： ××××××× ××××× ×××××××	工作要求： 1.××××× 2.××××× 3.××××× ……

说明：表里的主要工作任务一指的是第三部分提到的主要工作任务 1，余下类推。第三部分定了多少个主要工作任务，第四部分就得分别用多少个表格来对每个主要工作任务进行描述。

主要工作任务二　×××

主要工作任务描述	×××××××××××××× ×××××××××××× ×××××××××××××× ××××××××××××	
工作内容及步骤： ××××× ×××××	工具、材料、设备与资料： ××××× 工作方法： ××××× 劳动组织方式： ×××××× ×××××× ××××××××	工作要求： 1.××××× 2.××××× 3.××××× ……

……

主要工作任务 N　×××		
主要工作任务描述	××××××××××××××× ×××××××××××× ×××××××××××× ×××××××××××××	
工作内容及步骤： ××××× ×××××	工具、材料、设备与资料： ××××× 工作方法： ××××× 劳动组织方式： ××××××× ××××× ××××××××	工作要求： 1.××××× 2.××××× 3.××××× ……

第五部分　参赛收获

说明：参赛收获主要指参赛小组通过活动在团队合作方面有何收获、在职业认知方面有何收获、在信息搜索和处理方面有何收获、在明确专业学习目标方面有何收获。

第六部分　参考文献

一、国家职业大典

（1）《中华人民共和国职业分类大典》，××××出版社。

二、国家职业标准

（1）《国家职业标准汇编》，××××出版社。

（2）《国家职业技能标准汇编》，××××出版社。

三、国家专业目录

（1）《职业教育专业目录（2021年）》。

（2）《普通高等学校高等职业教育（专科）专业目录（2015年）》。

（3）《中等职业学校专业目录》2010年版。

四、职业信息与培训项目（专业）对应指引

（1）《职业信息与培训项目（专业）对应指引》，人力资源社会保障部职业技能鉴定中心，2021年6月。

五、国家或省（市）、自治区颁布的专业教学标准

（1）教育部颁发的××××专业教学标准。

（2）×××省（市）制定的××××专业教学标准。

（3）×××自治区制定的××××专业教学标准。

六、本校及兄弟院校同类专业建设资料

（1）××学校（院）××专业人才需求调研报告。

（2）××学校（院）××专业人才培养方案。

（3）××学校（院）××课程标准。

（4）……

七、行业企业标准

（1）××行业××标准。

（2）××企业××标准。

（3）××企业××岗位标准。

（4）……

八、技工院校一体化课程改革同类专业建设资料

（1）××学校（院）××专业人才需求调研报告。

（2）××学校（院）××专业一体化课程方案。

（3）……

九、人才网招聘信息

（1）××人才网××企业招聘资料。

（2）……

十、其他网络资料

（1）资料名称，网址。

（2）……

十一、图书资料

（1）作者名，书名，出版社名称。

（2）……

十二、其他资料

（1）资料名称，来源。

（2）……

第四节　复赛题目

复赛的题目是在继续完善初赛作品的基础上，编制专业职业（岗位）认知报告ppt和制作一个主要工作任务操作视频。

一、职业（岗位）认知报告 ppt 的格式与要求

1. ppt 的封面

>   xx学院第xx届工作过程知识竞赛
>
>   **xx专业职业(岗位)认知报告**
>
>   xxx团队
>   成员：xxx xxx xxx xxx xx
>   20xx年xx月xx日

2. ppt 的提纲

> **汇报提纲**
>
> - 第一部分：xxx专业培养目标
> - 第二部分：xxx专业面向的主要就业岗位
> - 第三部分：主要就业岗位对应的主要工作任务
> - 第四部分：主要工作任务分析
> - 第五部分：参赛收获
> - 第六部分：参考文献

3. ppt 的第一部分

> **第一部分：xxx专业培养目标**
>
> - 要求：
> - 主要讲清楚本专业培养理想信念坚定，德、智、体、美、劳全面发展，具有一定的科学文化水平，良好的人文素养、职业道德和创新意识，精益求精的工匠精神，较强的就业能力和可持续发展的能力，掌握本专业知识和技术技能，面向××××××××等职业群，能够从事××××××等工作的××××人才。

4. ppt 的第二部分

> **第二部分：xxx专业面向的主要就业岗位**
>
> □ 要求：
>
> □ 一个专业的主要就业岗位一般有5~10个，其中初始就业岗位有哪些？发展就业岗位有哪些？有无新岗位？新岗位有哪些？请以图文并茂的形式呈现出来。

5. ppt 的第三部分

> **第三部分：主要就业岗位对应的主要工作任务**
>
> □ 一个专业面向的主要就业岗位对应的主要工作任务一般有10~20个，完成这些主要工作任务必须具备相应的职业能力，请以图文并茂的形式将这些主要工作任务及对应的职业能力清晰地呈现出来。

6. ppt 的第四部分

> **第四部分：主要工作任务分析**
>
> □ 一个专业面向的主要工作任务有多个，因时间有限，复赛与决赛时只要求展示其中一个。展示要求有二：一是要求以图文并茂的形式将该主要工作任务的工作内容与步骤、工具资料、方法、劳动组织方式和工作要求等展示清楚；二是要求以视频的形式将该主要工作任务的操作过程展示出来（视频的时长一般为2~3分钟）。

7. ppt 的第五部分

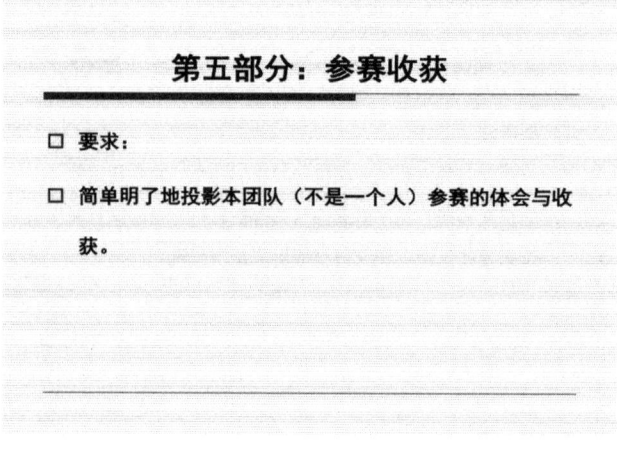

8. ppt 的第六部分

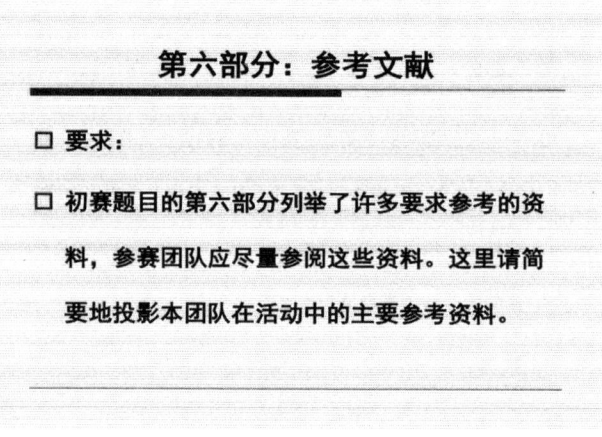

二、主要工作任务操作视频制作要求

在学生工作过程知识竞赛中，对进入决赛活动的团队有一个基本要求，那就是每个团队必须制作一个主要工作任务操作视频（对于首次举办活动的学校来说，制作主要工作任务操作视频可以作为一个可选项来进行）。这个视频必须让观众达到这样的效果：看了这个视频，对这个主要工作任务具体干什么就清楚了。在决赛时，主要工作任务操作视频可以单独播放，也可以嵌在ppt第四部分一并播放。其格式要求如下：

（1）整个视频时长一般为2~3分钟。整个决赛演讲（ppt展示且包含播放视频）汇报时长不超过7分钟，所以视频不宜太长；用2~3分钟的视频来展示一个主要工作任务，有利于出精品；短视频适合手机阅读，便于大家观看，示范辐射效果好。

（2）片头必须清晰展示主要工作任务名称与团队名称或制作者名称。主要工作任务的名称，一般用"名词+动词"来表示，最多不要超过10个汉字。

（3）视频中的主角与演员必须是团队成员。

（4）视频中的主要工作任务操作步骤必须清晰明了，每步有序号与文字说明。

（5）对完成该主要工作任务所需的工具、资料、方法、劳动组织方式和工作要求等，要尽量在视频中展示出来，但不需要用文字进行说明。

（6）整个视频的大小控制在30MB以下。

第五节　决赛参考组织方案

××学院学生工作过程知识竞赛决赛组织方案

一、决赛组织

（1）竞赛时间：××××年××月××日下午××:××至××:××。

（2）竞赛地点：××学校（院）×××。

（3）竞赛要求：各参赛团队按照抽签的顺序，分别进行成果展示，然后接受答辩，每个团队约10分钟。

二、竞赛过程

1. 开场

主持人开场，介绍评委嘉宾、竞赛规则等。

2. 各团队竞赛

（1）工作人员向评委提交团队的成果资料。

（2）竞赛团队上场，主持人宣布开始竞赛并计时。

（3）竞赛团队使用ppt进行演讲（7分钟）。

（4）演讲与展示完毕，团队成员在舞台列队，评委随机提问（3分钟）。

（5）评委打分。为便于评委前后对比，工作人员可以每隔2~3个团队收取评分表一次，每隔3~4个团队主持人播报一次得分情况。

3. 点评

全部团队展示完毕，评委做总结点评，同时工作人员统计汇总获奖情况。

4. 现场颁奖

5. 合影留念

三、评分

（1）竞赛共设评委5~7人，每个评委给每个团队的4个项目打分，每个项目满分100分，保留1位小数点。评委评分条（样式）如下：

团队名称	Word文档	ppt（含视频）制作	演　讲	答　辩
×××	72.8	71.6	81.8	85.6

（2）工作人员将分数录入计算机，计算机根据事先设定好的公式，得出该团队最终得分。

（3）评分细则。

序号	评　分　项　目	评　分　规　则	权重
1	Word文档	具体见第六节 活动作品评分标准	40%
2	ppt制作（含视频）	具体见第六节 活动作品评分标准	30%
3	演　讲	1. 时间把握得当，语言表达流畅自然，吐字清楚 2. 思路清晰，仪态大方，人机配合好	15%
4	答　辩	1. 语言流畅、简明扼要 2. 思路清晰、针对性强	15%

四、其他

（1）各团队提交的Word文档最终版由组委会统一打印××份，在竞赛开始时，由工作人员呈评委审阅。

（2）以上材料于××月××日××点前，打包且以团队名称命名后通过邮件发送至：×××@qq.com。

（3）如各团队在舞台展示方面有其他要求的，需在××月××日前告知组委会。

（4）其他未尽事宜，请与×××老师联系，电话：××××××××。

第六节 活动作品评分标准

1. 初赛活动 Word 作品评分参考标准

评 分 项 目	评 分 要 点	满分	备注
文稿版面	整齐、美观，页码标注正确	10 分	
第一部分　本专业培养目标	遵循题目格式与要求，该填的地方不留空白，准确度高	10 分	
第二部分　专业面向的主要就业岗位	遵循题目格式与要求，就业岗位数为 5~10 个，该填的地方不留空白，准确度高	10 分	
第三部分　主要就业岗位对应的主要工作任务	遵循题目格式与要求，岗位名称和个数与第二部分一致，任务数为 10~20 个，该填的地方不留空白，准确度高	20 分	
第四部分　主要工作任务分析	遵循题目格式与要求，任务名称与第三部分一致，表格个数与第三部分提到的任务个数一样，每个表格中该填的地方不留空白，准确度高	40 分	
第五部分　参赛收获	收获大，真实，接地气	5 分	
第六部分　参考文献	遵循题目格式与要求，指定的参考文献大多数都参阅了，特别是行业典型企业的岗位标准也参考了	5 分	
合　　计		100 分	

2. 决赛活动 ppt 作品评分参考标准

评 分 项 目	评 分 要 点	满分	备注
文稿版面	整齐、美观，投影出来，观众能看得很清晰，很舒服	10 分	
第一部分　本专业培养目标	能清楚投影培养目标，特别是能够清楚投影专业面向的职业群及从事的工作，图文并茂、简洁美观，投影内容与 Word 作品一致	10 分	
第二部分　专业面向的主要就业岗位	能清楚投影各就业岗位及其对应的职业证书，图文并茂、简洁美观，投影内容与 Word 作品一致	10 分	
第三部分　主要就业岗位对应的主要工作任务	能清楚投影各岗位对应的主要工作任务，岗位名称和个数与第二部分一致，任务数为 10~20 个，图文并茂、简洁美观，投影内容与 Word 作品一致	20 分	

续表

评 分 项 目	评 分 要 点	满分	备注
第四部分 主要工作任务分析	选取一个主要工作任务进行投影，能清楚投影该工作任务的构成： ①工作内容与步骤；②工具、材料、设备与资料；③工作方法；④劳动组织方式；⑤工作要求。图文并茂、简洁美观，投影内容与 Word 作品一致	40 分	
第五部分 参赛收获	能清楚投影参赛收获，图文并茂、简洁美观，投影内容与 Word 作品一致	5 分	
第六部分 参考文献	能清楚投影参考文献，图文并茂、简洁美观，投影内容与 Word 作品一致	5 分	
合　计		100 分	

3. 工作过程知识竞赛视频作品评分参考标准

评 分 项 目	评 分 要 点	满分	备注
主要工作任务选取	视频展示的主要工作任务必须是从 Word 作品中第四部分里选取来的，该任务应尽量与 ppt 作品第四部分剖析的任务一致	10 分	
片头与片尾	片头能清晰展示主要工作任务名称与团队名称或制作者名称。片尾有结束语	10 分	
主要工作任务操作过程展示	（1）视频中的任务操作步骤必须清晰明了，每步有序号与文字说明。 （2）对完成该任务所需的工具、资料、方法、劳动组织方式和工作要求等，要尽量在视频展示出来，但不需要用文字进行说明。 （3）视频内容与 Word 作品一致	40 分	
场地与演员	视频中的人物一般要求是团队成员，否则酌情扣分。场地一般是实景拍摄，否则酌情扣分	20 分	
视频时长	整个视频时长一般为 3 分钟左右	10 分	
视频大小	整个视频的大小控制在 30MB 左右	10 分	
合　计		100 分	

第七节　决赛提问参考提纲

活动的目的是引导学生来主动认识职业，规范答辩内容有利于活动达到预期目标。以下是决赛提问参考提纲，该提纲是紧紧围绕学生的作品来设计的，目的是检查学生的作品是否成员亲自参与做的以及学生参与活动的真实成效，其中问题分三类，评委提问时，每类选1~2个问题，共3~6个问题，随机抽人回答。

提问参考提纲如下：

A类：

（1）本专业毕业生的初始就业岗位主要有哪些？发展岗位有哪些？

（2）本专业共有几个主要工作任务？请你说出几个名称来。

（3）×××岗位对应的主要工作任务是什么？

B类：

（4）请详细介绍×××主要工作任务的工作内容。

（5）完成×××主要工作任务使用的工具是什么？

（6）完成×××主要工作任务的工作方法是什么？

（7）完成×××主要工作任务的劳动组织方式是什么？

（8）完成×××主要工作任务的工作要求是什么？

C类：

（9）你这次参赛有什么收获？请说出你内心的真实感受。

（10）你在团队中主要负责哪些工作？你感到最难的地方是什么？你是如何克服的？

（11）参加这个活动你认为对今后学习有帮助吗？请你具体谈谈这方面的收获。

（12）在你们团队得出的就业岗位中，你最喜欢哪个岗位？为什么？

第四章
工作过程知识竞赛常用答题资料

参加工作过程知识竞赛常用的答题资料有《中华人民共和国职业分类大典》、国家职业教育专业目录、职业信息与培训项目（专业）对应指引、国家职业标准、国家职业教育专业教学标准、国家职业教育专业顶岗实习标准、行业典型企业岗位标准以及专业人才培养方案等，活动组织者在竞赛开始前应积极引导或帮助学生主动去收集这些资料，现分别对这些资料及运用进行介绍。

第一节 国家职业分类大典

《中华人民共和国职业分类大典》是职业教育和培训工作的定位仪。2015版《中华人民共和国职业分类大典》将职业分为8个大类、75个中类、434个小类、1481个细类职业，每个细类职业下面都明确列出了它相应的主要工作任务。学生查阅它，可以了解到本专业对应职业（岗位）有哪些主要工作任务，这既对完成工作过程知识竞赛初赛题目很有帮助，也对学生明确专业学习任务很有帮助。

以电气自动化专业为例，"电工"是该专业的一个初始职业（岗位），那么，"电工"对应的主要工作任务有哪些呢？

查看《中华人民共和国职业分类大典》2015年版的497页，发现"电工"的主要工作任务如下：

（1）安装、调试、维护、保养电气设备。
（2）架设与接通送、配电线路与电缆。
（3）进行电气设备大修、中修、小修，修理、更换有缺陷的零部件。
（4）安装、调试与修理室内电器线路和照明灯具。
（5）维护保养电工工具、器具及测试仪表。

第二节 国家职业教育专业目录

国家职业教育专业目录是专业设置的基本依据，是专业调整的基本依据，是组织招生的基本依据，也是指导就业的基本依据。它的编制参考了《中华人民共和国职业分类大典》。学生查阅它，可以了解本专业对应职业有哪些，这既对完成工作过程知识竞赛初赛题目很有帮助，也对学生明确专业学习目标很有帮助。

【实例1】在工作过程知识竞赛中，如何运用国家职业教育专业目录与国家职业分类大典？

这里以通信技术专业为例：

（1）找到普通高等学校高等职业教育（专科）专业目录（2015年版），通过查找，在48页找到通信技术专业。

（2）通过看目录，发现该专业主要对应的职业类别为：①信息和通信工程技术人员；②信息通信业务人员。

（3）找到《中华人民共和国职业分类大典》（2015年版），打开，通过检索在179页找到信息通信业务人员。

（4）通过查看，发现"信息通信业务人员"这个小类职业分三个细类职业。

（5）接着往下看，不难找到这三个细类职业对应的主要工作任务。

（6）同理，不难在国家职业分类大典里找到"信息和通信工程技术人员"这个小类职业对应的主要工作任务。

第三节　职业信息与培训项目（专业）对应指引

《职业信息与培训项目（专业）对应指引》是在人力资源社会保障部职业能力建设司指导下，中国就业培训技术指导中心、人力资源和社会保障部职业技能鉴定中心组织专家编制的，它的展现形式是职业与专业的对应关系结构表，它直接展示了某个职业与各类教育培训专业（项目）之间的对应关系。学生查阅它，可以清晰地看到本专业对应的职业代码，再依据这个职业代码查阅《中华人民共和国职业分类大典》（2015年版），就可了解到该职业的名称及其主要工作任务是什么，这既对完成工作过程知识竞赛初赛题目很有帮助，也对学生明确专业学习目标很有帮助。

第四节　国家职业标准

国家职业标准是职业教育培训课程开发的依据。国家职业标准通过工作分析方法，描述了胜任各种职业所需的能力，反映了企业和用人单位的用人要求。学生查阅与本专业相关的职业标准，可以了解本专业相应有哪些职业工作任务以及完成这些工作任务需要哪些职业能力，对完成工作过程知识竞赛初赛题目很有帮助，反过来，对促进学生学习国家职业标准也很有帮助。

查阅与自己所学专业相应的国家职业标准有哪些，可以上国家职业资格工作网-技能人才评价工作网，网址：http://www.osta.org.cn/（网址若有变化，请以实际跟踪为准）。

第五节　国家职业教育专业教学标准

国家职业教育专业教学标准是指导和管理职业院校教学工作的主要依据，是保证教育教学质量和人才培养规格的纲领性教学文件。它体现了与职业岗位对接、中高职衔接，理论知识够用，职业能力适应岗位要求和个人发展要求。学生查阅与本专业相关的教学标准，可以了解本专业对应的培养目标、就业范围（即就业岗位有哪些）和培养规格，这既对完成工作过程知识竞赛初赛题目很有帮助，也对学生明确专业学习目标很有帮助。

学生要查阅与自己所学专业对应的国家专业教学标准，可以登录教育部职业教育与成人教育司网页，查阅高等职业学校专业教学标准和中等职业学校专业教学标准专栏。

第六节　国家职业教育专业顶岗实习标准

顶岗实习是职业教育专业教学的重要组成部分，是培养学生良好职业道德，强化学生实践能力和职业技能，提高综合职业能力的重要环节。顶岗实习标准是组织开展专业顶岗实习的教学基本文件，是明确实习目标与任务、内容与要求、考核与评价等的基本依据。学生查阅与本专业相关的顶岗实习标准，可以了解本专业对应的就业岗位、工作任务和职业能力，对完成工作过程知识竞赛初赛题目很有帮助。

学生要查阅与自己所学专业对应的国家专业顶岗实习标准，可以登录教育部职业教育与成人教育司网页，查阅职业学校专业(类)顶岗实习标准专栏。

第七节　国家专业教学资源库

资源库是"互联网+职业教育"的重要实现形式，目前国家级资源库已建有200多个，覆盖了高职（专科）19个专业大类。

每个国家专业教学资源库里一般都含有如下信息：

（1）职业标准、技术标准、业务流程、作业规范、教学文件等。

（2）企业生产工具、生产对象、生产场景、校内教学条件等。

（3）企业生产过程、学生实训、课堂教学等。
（4）工作原理、工作过程、内部结构等。
（5）虚拟企业、虚拟场景、虚拟设备以及虚拟实验实训实习项目等。
（6）企业案例、企业网站链接等。
（7）数字化教材、教学课件等。
（8）习题库、试题库等。
（9）与专业、课程、知识点相关的导学、助学系统等。

上述这些资料对完成工作过程知识竞赛初赛题目很有帮助，活动参与者可以上网进入国家专业教学资源库管理平台，查阅活动所需的资料。

第八节 专业人才培养方案

专业人才培养方案是职业院校落实党和国家关于技术技能人才培养总体要求，组织开展教学活动、安排教学任务的规范性文件，是实施专业人才培养和开展质量评价的基本依据。学生查阅本专业的人才培养方案，既可以了解本专业对应的培养目标、就业范围和培养规格，对完成工作过程知识竞赛初赛题目很有帮助，也可以促进自己学习专业人才培养方案，懂得学习专业人才培养方案的意义。专业人才培养方案一般由活动举办老师提供给学生。

第九节 专业课程标准

课程标准是对课程的目标、内容、组织及教材编写与实施要求等要素的规定，也是对我们希望学生在校期间应掌握的特定的知识、技能和态度的非常清晰明确的描述。理论上讲，每门课程都要有标准，因此，课程标准的数量是十分庞大的，若能让课程标准落地到学生将是一件十分有意义的事。在活动中以主要工作任务名称来检索专业课程标准，将为描述该主要工作任务提供必要的信息。为此我们把课程标准的运用看作是学生工作过程知识竞赛的重要内容。

【实例2】如何运用课程标准？

方法一：利用课程标准填写主要工作任务相应的职业能力。

在工作过程知识竞赛中，我们要求学生填写某个主要工作任务相对应的"职业能力"或者"知识点、技能点和态度"，这里以主要工作任务"综合布线"为例，如何填写该主要工作任务对应的"职业能力"呢？答案是引导学生查找"综合布线课程标准"，因为该课程标准中含有上述所需的答案。

方法二：利用课程标准填写主要工作任务的内容与步骤、工具、工作方法和工作要求等。

在工作过程知识竞赛中，我们要求学生填写某个主要工作任务相对应的"工作内容与步骤、工具、工作方法和工作要求"等，同样的道理，以"综合布线"这个主要工作任务为例，我们建议学生先去找到"综合布线课程标准"，因为该课程标准中含有上述所需的答案。

学生想得到课程标准，可以走下列三种途径：

（1）由指导教师提供。比如，本人在学生工作过程知识竞赛中，会事先给学生提供一些专业课程标准。

（2）从百度文库中查找。一般的专业课程标准，都可以从百度文库中找到。

（3）从国家职业教育专业教学资源库中查找。一个专业若建有国家专业教学资源库，则该专业的课程标准，一般都可以从该资源库中找到。

第十节　行业典型企业岗位标准

每个行业里都有一些代表性企业，这些企业的生产经营和管理都比较规范，其内部岗位职责也比较清晰。在工作过程知识竞赛中检索典型企业岗位标准，将为描述这些岗位及其主要工作任务提供必要的信息。为此我们把行业典型企业岗位标准的运用看作是工作过程知识竞赛的重要内容。

学生想得到行业典型企业岗位标准，可以走下列三种途径：

（1）由指导教师提供。比如：本人在学生工作过程知识竞赛中，会事先给学生提供一些行业典型企业岗位标准。

（2）从网络上查找。

（3）从国家职业教育专业教学资源库中查找。

第十一节　人才网招聘信息

在工作过程知识竞赛中，参赛学生依据国家一系列标准得出了本专业的就业岗位及主要工作任务，在这个基础上，我们还要求学生借助其他资料或途径对结果进行适当的补充和调整，其中重要的途径就是希望参赛者看看目前社会需求的岗位有哪些？这里以广西人才市场为例，旨在希望参赛学生养成联系实际的习惯，会看市场需求信息，将国家职业教育标准与职业实际需求、学校读书与社会实践结合起来。

以广西人才网为例，据查某公司招聘网络管理员，其工作内容及要求如下：

（1）大专以上学历，计算机、软件应用等专业。

（2）负责公司计算机软硬件、网络设备（路由器、交换机、防火墙）的安全运行及日常维护工作。

（3）负责公司复印机、打印机、传真机、电话机等办公设备的维修、保养。

（4）负责处理各种计算机应用软件、操作系统、病毒杀毒等，同时为其他部门提供软硬件技术支持。

（5）负责公司电脑系统的安装、升级、维护。

（6）负责公司办公、门店收银设备的日常维护及管理。

上述招聘信息很具体，也很接地气，但离活动填空的要求还有距离，经过提炼变成结果如下：

主要工作任务一：计算机网络维护

主要工作任务二：办公自动化设备的维护

主要工作任务三：常用软件的使用

主要工作任务四：计算机系统的安装与维护

主要工作任务五：收银设备的维护与管理

这样，我们就可以填空了。

提炼时，注意事项如下：

（1）提炼出来的主要工作任务一般用"名词+动词"的形式来表达，不超过10个汉字。

（2）提炼时，关键要抓"主要"，不要怕取舍。

（3）人才市场招聘信息反映出用人单位的实时需求，职业院校的学生要做到与时俱进，最好养成定期与人才市场对接的习惯。

（4）工作过程知识竞赛介绍有多种获取主要工作任务的途径与方法，这只是其中之一，但比较接地气，希望参赛者综合运用。

第五章
工作过程知识竞赛初赛答题说明

工作过程知识竞赛初赛的题目就是如何编制职业（岗位）认知文本，这个文本总共分为六个部分（具体见第三章第三节），本章从第一节到第六节分别就初赛题目的每一部分如何填写进行说明。

第一节 如何确定专业的培养目标

针对工作过程知识竞赛初赛题目的第一部分提出的问题：如何确定专业的培养目标？我们的答题建议如下：

（1）检索本专业的国家专业教学标准（若有，必看）。
（2）检索本专业的人才培养方案（必看）。
（3）检索本专业的人才需求调研报告。
（4）检索《职业信息与培训项目（专业）对应指引》。
（5）检索技工院校本专业一体化课程方案。
（6）小组讨论形成一致意见。
（7）根据小组形成意见按下列格式对专业培养目标进行描述：本专业培养理想信念坚定，德、智、体、美、劳全面发展，具有一定的科学文化水平，良好的人文素养、职业道德和创新意识，精益求精的工匠精神，较强的就业能力和可持续发展的能力，掌握本专业知识和技术技能，面向×××等职业群，能够从事×××等工作的×××人才。

第二节 如何确定专业面向的主要就业岗位

针对工作过程知识竞赛初赛题目的第二部分提出的问题：如何确定专业面向的主要就业岗位？我们的答题建议如下：

（1）检索本专业国家教学标准与顶岗实习标准（若有，必看）。
（2）检索本专业的人才培养方案（必看）。

（3）检索《职业信息与培训项目（专业）对应指引》。

（4）检索与本专业相关的网上招聘岗位信息（必做）。

（5）检索本专业的人才需求调研报告。

（6）检索技工院校本专业一体化课程方案。

（7）检索与本专业相关的行业典型企业岗位标准。

（8）小组讨论形成一致意见。

此外还可通过百度检索作为必要的补充：

检索"×××专业就业面向"；

检索"×××专业就业范围"；

检索"×××专业实践专家访谈会"；

检索"×××专业就业岗位"。

第三节　如何确定岗位的主要工作任务

针对工作过程知识竞赛初赛题目第三部分提出的问题：如何确定岗位的主要工作任务？我们的答题建议如下：

（1）检索本岗位的职责及人才网上本岗位的招聘需求（必看）。

（2）检索本专业的国家教学标准（含顶岗实习标准）（若有，必看）。

（3）检索国家职业教育专业目录和《职业信息与培训项目（专业）对应指引》，查出本专业对应的职业并在《中华人民共和国职业分类大典》中找到该职业，看看有哪些主要工作任务（必看）。

（4）检索本专业的人才需求调研报告（若有，必看）。

（5）检索本专业的工作任务与职业能力分析或实践专家访谈会材料（若有，必看）。

（6）检索与本专业相关的国家职业标准、行业标准与典型企业岗位标准，看看有哪些主要工作任务。

（7）检索本专业的人才培养方案。

（8）以本工作任务名称检索专业课程标准。

（9）检索技工院校本专业的一体化课程方案。

（10）描述主要工作任务对应的职业能力，就是要将完成该主要工作任务所需的知识点和技能点描述出来。知识点描述要写出完成该任务应了解或掌握什么样的知识，常用"了解什么"、"理解什么"、"熟悉什么"或"掌握什么"来表达。技能点描述要写出完成该任务应具备的能力，常用"会什么""能什么"来表达。重点要表达出：会操作什么工具、能干什么活（相应任务的子任务）。

（11）小组讨论形成一致意见再填写。

第四节 如何描述主要工作任务

针对工作过程知识竞赛初赛题目第四部分提出的问题：如何填写下表？

主要工作任务名称	
主要工作任务描述	
工作内容及步骤：	工具、材料、设备与资料：	工作要求：
	工作方法：	
	劳动组织方式：	

我们的答题建议如下：

一、首先要明确表中各项的填写要求

（1）主要工作任务名称：以"名词+动词"的形式表达。

（2）主要工作任务描述：主要工作任务的描述包括工作内容、工作主体、工作过程和工作要求（规范）四个要素。具体如下：

1）工作内容：做什么，即生产哪些产品或提供哪些服务。

2）工作主体：谁来做，即这类工作由哪类企业的哪些岗位人员完成。

3）工作过程：如何做，可按照计划、实施、工作结果的检查和评价等环节描述。

4）工作要求：如何做好，即完成任务所应遵循的标准、规范或合同要求。

（3）工作内容及步骤：按照计划、实施、工作结果的检查和评价等环节描述工作过程及过程中涉及的材料、产品、人员等。

（4）工具、材料、设备及资料：完成任务所用到的设备设施、仪器仪表、工具材料、文献材料等。

（5）工作方法：列举各工作环节所需的工作层面、组织层面和技术层面的方法。

（6）劳动组织方式：完成工作任务的分工方式。如工作方式安排（独立或合作），与其他职业或部门的合作关系及分界等。

（7）工作要求：完成工作各环节应遵循的规范、标准和要求。如产品质量标准、行业技术标准、企业要求、客户要求、对从业者的要求等。（注：这一点很容易只写成对从业者的要求）

说明：上述填写要求参照了人力资源和社会保障部职业能力建设司2013年4月编制的《国家技能人才培养标准编制指南（试行）》。

二、再按如下步骤进行操作

（1）以本工作任务名称检索百度文库和百度经验（必做）。

（2）检索本专业对应的国家职业标准、行业标准与典型企业岗位标准中与本工作任务相关的内容。

（3）以本工作任务名称检索专业课程标准（必做）。

（4）检索本专业的工作任务与职业能力分析或实践专家访谈会材料（若有，必看）。

（5）检索技工院校本专业一体化课程方案。

（6）检索本专业就业岗位的职责及网上招聘要求（必做）。

（7）小组讨论形成一致意见再填写。

三、结合下面实例做进一步完善

这里以教师岗位的一个主要工作任务"课程教学"为例，具体描述如下：

主要工作任务名称	课 程 教 学
主要工作任务描述	课程教学是任课教师按照学校的教学任务书，遵照课程标准进行备课，然后组织学生实施教学并对学生的课程成绩进行评价的一种有目标、有计划、有组织、有步骤的教师的教与学生的学相结合的双边活动过程

续表

工作内容及步骤：	工具、材料、设备与资料：	工作要求：
（1）任课教师接到教务管理部门下达的课程教学任务书后，研究任务书，明确教学任务。 （2）任课教师收集资料，根据该课程的标准、班级人数、课时要求以及学校的学习条件进行备课。 （3）对课程的每个教学单元进行教学情境设计、教案策划和课件制作等。 （4）设计课程考核试题。 （5）对学生进行教学并对教学现场实施管理。 （6）按照课程标准对学生进行课程考核评价。 （7）评定课程成绩并进行分析，然后将结果上报教务管理部门	投影机、计算机、粉笔、黑板、激光笔、U盘和课程标准、课程参考素材等。 实训场所配有与本课程有关的资料区、演示区、教学区、操作区和研讨区。 **工作方法：** （1）信息检索法。 （2）引导文法。 （3）案例教学法。 （4）角色扮演法。 （5）任务驱动教学法，等等。 **劳动组织方式：** （1）教学计划变动和成绩上报需与教务管理人员联系。 （2）学生管理及教学活动组织需与学生班级辅导员或班主任联系。 （3）实训场所的准备及管理需与实训室管理人员协同完成	（1）课前要认真研究课程标准和教学任务书，做好课堂教学计划。 （2）遵守学校教学管理制度。 （3）教学过程中要平等地、耐心地对待每一位学生。 （4）对于学生提出的合理建议和意见要及时给予反馈。 （5）遵循该课程有关的国家职业标准。 （6）认真评价学生成绩并及时上报，课程教学结束后要总结经验

第五节　如何描述参赛收获

针对工作过程知识竞赛初赛题目的第五部分提出的问题：如何描述参赛收获？我们的答题建议如下：

（1）这里的参赛收获主要指小组通过活动在团队合作方面有何收获、在职业认知方面有何收获、在信息检索和处理等方面有何收获、在明确专业学习目标上有何收获。

（2）参赛小组根据实际情况填写（要求填写真实的感受）。

第六节　如何标注参考文献

针对工作过程知识竞赛初赛题目的第六部分提出的问题：如何标注参考文献？我们的答题建议如下：

（1）要求按试题的格式进行标注。

（2）试题中列出的参考文献，不一定样样都要参考，但多数要求查阅，特别是国家职业分类大典、职业教育专业目录、国家职业标准、国家职业教育专业教学标准、国家职业教育专业顶岗实习标准、行业典型企业岗位标准以及专业人才培养方案等资料要尽量查阅，否则活动的答题结果将失去权威性。

第七节　如何审核初赛答题结果

由于工作过程知识竞赛是以学生为主的活动，各小组在上交竞赛作品之前，组长应组织小组成员进行组内审核工作。同时，活动指导教师、评委也分别需要对学生的作品进行审核与评定，因此，对活动作品进行审核就显得十分必要（注：这一关是活动作品的质量关，越把握得好，学生作品的质量就越高）。这里就如何审核初赛答题结果即职业（岗位）认知文本提出如下建议：

一、检查是否有下列主要问题

第一部分：本专业培养目标没有严格按照给定格式来写。

第二部分：本专业面向的主要就业岗位定得太多或太少，建议初始岗位和发展岗位加起来控制在5～10个。

第三部分：本专业面向主要就业岗位的主要工作任务数定得太多或太少，一般整个专业控制在10～20个；主要工作任务的名称一般用"名词+动词"来表示，最多不要超过10个汉字。

第四部分：主要工作任务描述，出现表格的个数与第三部分定的主要工作任务个数不相等，要改过来。

二、检查文本的内部各部分之间的逻辑关系

（1）审核第一部分从事行业企业的工作与第二部分讲的岗位是否一致？

（2）审核第二部分定的主要就业岗位与第三部分讲的主要就业岗位在名称和个数方面是否一致？

（3）审核第三部分定的主要工作任务与第四部分描述的主要工作任务在名称和个数方面是否一致？

（4）审核岗位名称与主要工作任务名称是否搞混了，岗位名称一般用名词来描述，常见有"××员""××工""××师"等；主要工作任务的名称一般用"名词+动词"或"动词+名词"的形式来表达，千万不能用名词表达。

三、检查文本的外观

（1）文本的完整性如何？是否缺项？

（2）版面是否整洁？是否有错别字？

（3）目录与页码是否清晰正确？

（4）内容描述与标题是否一致？

（5）参赛收获是否真实？

（6）参考文献标注是否清晰？大多数是否按要求参考了？

四、审核主要工作任务描述是否到位

（1）如何审核工作内容与步骤？

检查每个主要工作任务的内容与步骤是否描述清楚了，是否按照计划、实施、工作结果的检查和评价等环节来描述的？

（2）如何审核工具、材料、设备及资料？

完成该主要工作任务所用到的设备设施、仪器仪表、工具材料、文献材料等是否写出来了？

（3）如何审核工作方法？

完成该主要工作任务的各工作环节所需的工作层面、组织层面和技术层面的方法是否都列举了？

（4）如何审核劳动组织方式？

完成该主要工作任务的分工方式，如工作方式安排（独立或合作），与其他职业或部门的合作关系及分界等，是否写出来了？

（5）如何审核工作要求？

完成该主要工作任务的各环节应遵循的规范、标准和要求是否表达出来了？如产品质量标准、行业技术标准、企业要求、客户要求、对从业者的要求等是否写出来了？

五、审核参考文献是否过硬

（1）是否参考了《中华人民共和国职业分类大典》？

（2）是否参考了与本专业密切相关的国家职业标准？

（3）是否参考了本专业的国家专业教学标准和顶岗实习标准？

（4）是否参考了与本专业密切相关的行业典型企业岗位标准？

（5）是否参考了本校以及其他职业学校专业人才培养方案？

（6）是否参考了当地人才网企业招聘资料？

第六章 工作过程知识竞赛的培训与指导

工作过程知识竞赛虽然是以学生为主的活动，但必要的培训与适时的指导是不可缺的。培训主要分为初赛培训、复赛培训和决赛培训。指导主要有线上指导、安全指导以及常见问题答疑。这里逐一做介绍。

第一节 初赛培训

初赛培训，就是召开初赛说明会，对报名参赛者如何完成初赛题目进行培训与指导，培训的主要内容一是详细介绍活动的安排与流程（具体见学校举办活动的正式通知）；二是重点介绍初赛题目的答题说明（具体见第五章）。其大致框架及注意事项如下：

（1）简要介绍为什么要举办这个活动？

（2）简要介绍竞赛的三个阶段（初赛、复赛和决赛）。

（3）简要介绍竞赛内容与时间安排。

（4）重点介绍初赛题目以及初赛题目如何答题，即现场以某一个专业为例讲解如何完成初赛题目（具体见第五章），同时介绍常用答题资料及使用方法（具体见第四章）。

（5）分享历届作品（若没有可忽略）。

（6）提醒各学生团队要加强沟通协作，除初赛题目第四部分答题可分工外，其他部分都应集体合作完成。

第二节 复赛培训

复赛培训，就是召开复赛说明会，对进入复赛的学生如何完成复赛任务进行培训与指导，培训的主要内容如下：

1. 初赛的回顾

主要向学生说明初赛的基本情况。

【实例3】广西水利电力职业技术学院第四届学生工作过程知识竞赛报名：623个团队，3000多人。初赛结果：收到团队作品555个。入围复赛团队数：252个。未能进入复赛的原因分析：①任务描述少于5个；②岗位与工作任务分不清；③第二部分提到的岗位与第三部分提到的岗位不一致或第三部分提到的主要工作任务与第四部分描述的主要工作任务不一致。同时为进入复赛的同学点赞！

2.复赛的任务与要求

（1）根据对初赛作品的评审意见，讲解初赛Word作品的不足之处，要求进入复赛的团队按照评审意见继续完善作品。

（2）讲解制作复赛ppt的格式与要求（具体见第三章第四节）。

（3）讲解制作主要工作任务操作视频的要求（具体见第三章第四节）。

（4）明确复赛作品上交时间。

（5）对复赛作品评分进行说明（具体见第三章第六节）。

（6）分享历届复赛优秀作品（若没有可忽略）。

第三节 决赛培训

决赛培训，就是召开决赛说明会，对进入决赛的学生如何完成决赛任务进行培训与指导，培训的主要内容如下：

（1）根据对复赛作品的评审意见，讲解Word作品、ppt作品和视频作品还有哪些不足之处，要求进入决赛的团队继续完善作品。

（2）介绍决赛的形式。决赛时，团队全体成员上台，由一人负责7分钟演讲与展示，所有成员等待答辩；待ppt演讲完毕，由评委随机抽人回答问题，时间3分钟；整个过程总计10分钟，答辩完毕，由评委进行赋分；计分后，现场宣布成绩。

（3）介绍决赛的评分标准。决赛的评分标准具体见第三章第五节决赛参考组织方案。

（4）介绍答辩提问提纲。答辩提问提纲具体参考第三章第七节决赛提问参考提纲。

（5）介绍各决赛团队要准备的具体工作。

1)审核并完善本团队Word作品、ppt作品和主要工作任务操作视频。

2)团队成员要熟悉Word作品的内容，具体要求参考第三章第七节决赛提问参考提纲。

3)团队自我组织模拟演讲和答辩。

（6）讲解决赛团队在演讲时应注意的事项。

常见的注意事项有：

1）台下演练不够，演讲超时。

2）ppt观众看不清。

3）演讲者照着ppt念，不看观众。

4）ppt不能大段大段文字投影。

5）声音太小，观众听不清。

6）态度不端正，着装随意。

7）回答不出问题，长时间沉默。

8）请求队友帮忙，个个推辞，且显得极不愿意。

9）回答问题慌张，不看评委。

10）演讲词与Word文档、ppt不一致。

第四节 线 上 指 导

一个工作过程知识竞赛大的可以几千学生参加，这么大的规模，幕后大量的工作是通过"QQ群的建立与管理"完成的。

QQ群的建立：要举办工作过程知识竞赛，首先要建立学生活动QQ群，因为整个活动需要准备大量文件，用微信不利于管理文件，当然钉钉软件也不错。但学生普遍都用QQ，所以用QQ搞学生活动很容易被学生接受。一个学校举办工作过程知识竞赛，具体建多少个群，取决于入群的学生人数，人数多了可以分群进行，群规模超过500人的，腾讯公司要收年费，这点活动组织者要注意。如果参与活动的学生很多，一般可以按系部或专业部来建群，建群的名称一般建议命名为：××学校职业学习活动或××系学生职业学习群。当然各个举办单位也可以自己定其他名称。

QQ群管理员的设置：活动QQ群建立后，首先要设置群主和群管理员，群主一般由老师担任，也可以由学生担任。管理员可以设置多个，一般由学生担任。群主和群管理员一起负责群的日常管理。实践显示，只要群的原则把握好，群管理的实际工作量并不大，个别老师加几名学生管理员足够可以应付。

对学生入群的要求：设置好群主和群管理员后，就可以发动学生入群了，对入群学生的一般要求是本校或本系学生，要实名。群名片命名建议为：专业年级+姓名，如电子商务18张三。发动学生入群，不是要求入群学生一定要参与活动，主要目的是让更多的学生知晓这个活动，因为群里的文件与活动内容与各专业的学习内容紧密相关，让每个学生了解很有必要。学生要参加活动，还需要自愿组队报名。

学生入群与退群，自由自愿。

群文件的存放：要开展好工作过程知识竞赛，活动组织者必须事先在群里存放好下列文件（这点对活动的成功举办非常关键）。这些文件一般以文件夹的形式分类存放，便于学生查找和利用。

（1）活动通知：里面存放举办工作过程知识竞赛的通知（含竞赛的题目）。

（2）答题说明：里面存放活动初赛答题的说明（具体见第五章）。

（3）职业分类大典：里面存放《中华人民共和国国家职业分类大典》中与本次活动专业相关的职业及其主要工作任务（一般由活动组织者提供）。

（4）专业目录：里面存放教育部颁发的职业教育专业目录。

（5）职业标准：里面存放与本校专业相关的国家职业标准、行业标准与典型企业岗位标准（这点很重要）。

（6）国家专业教学标准：里面存放与活动专业相关的国家专业教学标准。

（7）国家专业顶岗实习标准：里面存放与活动专业相关的国家专业顶岗实习标准。

（8）专业参考资料：里面存放本校专业人才培养方案和兄弟院校同类专业人才培养方案等。

（9）学生活动作品：里面存放本活动历届学生作品实例，有初赛作品即职业（岗位）认知文本（Word作品）、决赛演讲ppt作品和主要工作任务操作视频作品等，供参赛学生做题时参考。

群的管理：活动群是学习群，群风就是学风。因此，加强群的管理很有必要，群的管理要求具体有：

（1）禁止在群里发广告。

（2）不能在群里发表与学习无关的言论。

（3）对非实名的群成员，要不定期清退出群。

（4）假期若缺乏管理力量，可以实行群内禁言。

除了群的管理要求，平时活动群还可用于：

（1）发布活动通知。

（2）发布活动进展信息。

（3）公布参赛者名单，复赛名单和决赛名单。

（4）其他有必要的活动信息。

群成员的在线答疑：群内成员对活动有疑问，可以直接在群里问，也可以通过群私聊向老师提问。由活动指导老师在群里或通过群私聊进行答复。

看起来线上指导的工作量很大，首次建群确实是这样的。令人欣慰的是，第一届活动做完，从第二届活动开始QQ群就可以继承使用了，群的建立和管理工作量大大降低。另一方面，正是因为群的优势以及群里文件的含金量，活动才有持久的生命力，从这个角度来看，群的建立与管理是十分有意义的。

第五节 安 全 指 导

工作过程知识竞赛属于第二课堂活动，由于活动参与人数多、专业性强、活动范围广，因此安全指导工作不可忽视，其中除了遵循第二课堂活动常规安全要求外，主要有下面几个方面需要特别关注：

（1）活动与疫情防控。由于活动人数有时很多，如笔者迄今为止做的活动最大规模是5000多人，因此，在疫情防控常态化的情况下，建议举措有：一是压缩参加培训的人数（每组派代表参加即可）；二是增加培训的场数（培训人数不变）；三是可以通过网络会议进行（减少接触）。这些举措都经过实践检验是可行的，也是有效的。

（2）活动调研与视频拍摄。在活动过程中，学生有可能根据需要自己组织去实训基地、去企业调研与拍摄视频，因此，要求学生时刻牢记"安全第一"这个原则，追求活动作品的高质量，不能突破安全这个底线。

第六节 常 见 问 题 答 疑

笔者在活动中接触了成千上万个学生，他们在活动中常产生的疑问有：

问题1：参加工作过程知识竞赛的具体作用有哪些？

答：参加工作过程知识竞赛，对参与学生的作用主要有：

（1）可以提高学生的职业认知水平。

（2）可以提高学生的计算机操作能力。

（3）可以提高学生的团队协作能力。

（4）有助于学生明确专业学习目标。

问题2：如何参加工作过程知识竞赛初赛活动？

答：学生参加初赛活动的步骤如下：

（1）按3~5人一组进行组队。

（2）集体进入活动QQ群。

（3）在群里找到初赛题目。

（4）在群里找到初赛常用答题资料。

（5）在群里找到初赛答题说明（具体见本书第五章）。

（6）按照答题说明进行答题，如有疑惑，可在群里与指导教师进行交流。

（7）最后上交初赛Word作品。

问题3：不同专业、不同年级的学生都一起参加竞赛，公平吗？

答：工作过程知识竞赛是以学生为主体、引导学生主动学习的开放性的第二课堂活动，活动的题目、评分标准和答辩提纲都是事先公开的，参赛学生可以求助身边的任何人（含老师、同学、校友、亲戚朋友和企业的能工巧匠、师傅等），还可以参考历届活动优秀作品。"竞赛"只是一个组织形式，不同年级、不同专业的学生都可以同时参加活动，活动坚持"职业认知第一，竞赛获奖第二"的原则，不完全追求公平公正，但注重相对公平。

问题4：初赛题目第六部分"参考文献"中列出的资料很多，每一项都要看吗？个别资料如国家专业教学标准找不到，怎么办？

答：不一定每一项都要找到参阅，但多数是要参阅的，特别是国家职业分类大典、职业教育专业目录、职业信息与培训项目（专业）对应指引、国家职业标准、国家职业教育专业教学标准、国家职业教育专业顶岗实习标准、行业典型企业岗位标准以及专业人才培养方案等资料要尽量查阅，否则，作品的正确性将受到影响。个别资料如国家职业教育专业教学标准找不到，是因为有些专业的标准尚未发布，暂时可以不考虑参阅。

问题5：报名参加活动后，因为有其他事务，可以中途退出吗？

答：活动注重学生主动学习，报名强调自愿，中途有事可以自动退出，不交作品即可。但进入决赛的团队则不能退出，若有事不能参加决赛，则在决赛名单公布前报告老师。

问题6：参加活动需要很多计算机操作知识，有培训吗？

答：没有安排培训，各团队自学解决。

问题7：在哪个年级哪个学期参加活动比较妥当？

答：活动在哪个年级哪个学期都可以举办，高年级学生参加活动的作品质量普遍要比低年级学生的高。但活动的初衷主要是解决低年级学生的职业认知不足问题，因此建议高职生在第二学期里参加，中职生在第三学期里参加。

问题8：学生通过活动找到主要工作任务后怎么去落实去完成？

答：活动中描述出来的主要工作任务往往有多个，因为时间有限，活动只能落实其中一个。余下的由学生在今后的学习过程中通过第一课堂或第二课堂去完成。

第七章
工作过程知识竞赛的组织与实施

第一节 赛前具体步骤

步骤1：发文布置大赛。如关于举办学院第××届学生工作过程知识竞赛的通知，介绍竞赛的目的、竞赛的组织者、竞赛的具体安排以及竞赛的题目、答题说明与评分标准，具体见第三章。

步骤2：活动宣传。在校园里广泛宣传，让学生知晓活动的基本内容、目的与意义。

步骤3：建立活动QQ群。具体见第六章第四节线上指导。

步骤4：发动学生入群。设置好群主和群管理员后，就可以发动学生入群了，对入群学生的要求实行实名制。群名片命名建议为：专业年级＋姓名，如电子商务18张三。具体见第六章第四节线上指导。

步骤5：往群里存放活动文件。具体见第六章第四节线上指导。

步骤6：接受学生报名，并汇总报名清单在群里公布，以避免遗漏。若参赛学生较多，为减轻活动组织方工作量，可在QQ群里设计在线报名表格，由学生通过QQ群进行线上报名即可。

步骤7：召开初赛说明会。学生报名后，在报名学生中举办初赛说明会，具体见第六章第一节初赛培训。

第二节 赛中具体步骤

步骤8：初赛作品制作。各学生团队根据初赛题目的要求并参照答题说明完成初赛题目，答题完毕上交初赛Word作品。其中重点工作有四步：第一步，定职业，确定培养目标。第二步，定岗位，确定本专业面向的主要就业岗位。第三步，找任务，确定主要就业岗位的主要工作任务。第四步，写任务，描述主要工作任务。

步骤9：活动承办者组织接收初赛作品，并汇总名单，在群里公布，避免团队漏报初赛作品。

步骤10：活动承办者组织评委参照评分标准(具体见第三章第六节)评审初赛作品，确定复赛团队。

步骤11：举办复赛说明会。一是讲解初赛Word作品的不足及改进的方法；二是根据复赛题目的格式与要求讲解如何制作演讲ppt和主要工作任务操作视频。具体见第六章第二节复赛培训。

步骤12：剖析和操作主要工作任务，然后制作复赛ppt和主要工作任务操作视频，同时完善初赛作品，最后上交复赛作品(含Word、ppt作品和视频作品)。

步骤13：活动承办者组织接收复赛作品，并汇总名单，在群里公布，避免团队漏报复赛作品。

步骤14：活动承办者组织评委参照评分标准评审复赛作品，确定决赛团队（如果团队较多难以确定，可以组织一次面试来确定，面试的提纲参见第三章第七节）。

步骤15：举办决赛说明会。介绍决赛的活动组织方案，决赛的工作内容和任务，讲解如何做好演讲和答辩工作。具体见第六章第三节决赛培训。

步骤16：活动承办者组织布置决赛会场（具体见第三章第五节决赛参考组织方案），选聘答辩评委（一般含企业代表）。

步骤17：学生随机抽号演讲（即说职业）并接受答辩，评委打分。

步骤18：宣布竞赛结果，颁奖。

活动结束。

第三节　赛后建议步骤

步骤19：召开赛后座谈会，听取参赛学生的收获和体会，以及对办好活动的建议。

步骤20：撰写并发布活动新闻。

步骤21：安排获奖选手到对口专业班级进行演讲展示，带动更多的同学来探究职业，同时为改善班课和团课的质量服务。

步骤22：收藏决赛作品，为下届活动的说明会提供实例。注意，这一步体现活动成果的可继承性，对大规模举办活动很有用，对不断提高学生作品质量很有帮助。

步骤23：调研活动成效，发表与活动相关的论文。

第八章

工作过程知识竞赛方案实例

举办学生工作过程知识竞赛首先要做的是给学生发一个正式通知，通知中对赛程的安排要详细具体，便于学生操作。这个通知就是学生工作过程知识竞赛方案实例，本章以广西水利电力职业技术学院第四届工作过程知识竞赛的通知为例供大家参考，其中的附件请参考第三章对应章节，这里就不重复了。

关于举办广西水利电力职业技术学院

第四届工作过程知识竞赛的通知

各系部、各班级：

为提高全院学生的职业认知水平，让学生进一步明确专业学习目标，丰富第二课堂活动载体，经研究决定举办"水积成川·载澜载清"学院第四届工作过程知识竞赛，具体事宜通知如下。

一、活动主题

水积成川·载澜载清

二、主办和承办单位

（1）主办单位：学院团委、教务处。

（2）承办单位：八大系分团委学生会。

三、参赛对象

我院全日制在校学生

四、组织机构

（1）大赛设立组织工作委员会（以下简称"组委会"），由主办单位、承办单位的有关人员组成，负责大赛各项工作的组织开展和大赛日常事务，组委会设在学院团委，办公室设在八大系分团委学生会。

（2）大赛设立评审委员会，由组委会聘请的各相关领域专家学者、教师等组成，负责参赛项目的评审工作。

五、竞赛方式及要求

（1）本次竞赛分为初赛、决赛、复赛和成果展示四个阶段进行。初赛、决赛和复赛由各系自行组织。成果展示以各系决赛胜出的优秀团队（总共预计10个左右）参加成果展示，由学院团委进行组织。

（2）以团队为单位参赛，每个团队3~5人，每个团队针对我院现有专业中的一个，利用互联网、图书馆等资源，对该专业对应的职业和岗位群的主要工作任务进行研究。

（3）初赛以做Word文档的形式进行（参考附件2）。复赛以完善Word文档和制作ppt文档的形式进行。决赛时，各决赛队通过现场讲解和答辩的形式进行成果展示，由大赛评委现场打分，并按照得分情况评出各奖项。

六、赛程安排

环节	日期	事项	具体安排
准备	3月上旬	组织报名	由学生3~5人自由组队后报名（疫情期同学们可以通过微信、QQ、电话等沟通方式进行组队报名）
系部初赛	4月上旬—下旬	说明会	举办讲座，对各参赛队进行赛前统一指导
		制作、提交初赛材料	各团队制作并上交Word文档（见附件2）
	5月上旬	初赛评审	大赛评委评出复赛团队

续表

环节	日 期	事 项	具 体 安 排
系部复赛	5月中旬	培训	对所有复赛选手进行ppt、视频制作培训
		提交材料	各团队按要求提交复赛材料（文本、ppt、视频电子档）
	5月下旬	复赛评审	大赛评委评出决赛团队
系部决赛	6月上旬	决赛准备	召开决赛说明会，说明决赛的比赛要求和注意事项
	6月中旬	完善提交决赛材料	各决赛团队完善并上交决赛材料
	6月中旬—7月上旬	决赛评审	各团队演讲答辩，大赛评委评出院级各奖项
成果	7月15日前	活动成果展示	各系优秀代表队演讲答辩展示，为优秀组织单位、获奖团队颁奖

七、奖项设置

（1）比赛根据评审委员会专家评审结果确定一、二、三等奖，一等奖总数原则上不超过决赛总队数的10%，二等奖总数原则上不超过决赛总队数的20%，三等奖总数不超过决赛总队数的30%，入围奖不超过复赛总队数的30%，进入决赛但未获得名次队伍均获优秀奖。

（2）获奖团队均颁发荣誉证书和奖金，并按照《广西水利电力职业技术学院学生个人综合素质考评办法》（桂水电院学〔2019〕112号）给获奖团体的成员按照4分、8分、12分、18分进行对照加分。

八、有关要求

（1）各系参赛队报名，学生可以以班级组队或自发组队进行报名，填写报名表（详见附件1），以电子邮件形式报送相应的承办单位。

（2）参赛队制作、提交的材料须为原创，不得剽窃他人作品，一经发现则取消参赛资格，并予以通报。

（3）决赛评分标准详见附件4。

（4）未尽事宜，请与各承办单位联系，联系人、电话及邮箱详见附件1。

附件：

1. 学院第四届工作过程知识竞赛报名表（略）
2. ××专业职业(岗位)认知文本（略）
3. 学院第四届工作过程知识竞赛复赛ppt格式（略）
4. 学院第四届工作过程知识竞赛决赛执行方案（略）

广西水利电力职业技术学院

2020年2月22日

第九章 工作过程知识竞赛作品实例

学生参加工作过程知识竞赛的成果以作品的形式呈现，作品一般有Word作品、ppt作品和主要工作任务操作视频作品三类，因ppt作品和视频作品不太适合纸质材料呈现，本章仅以广西水利电力职业技术学院物流专业学生原汁原味的Word作品为例，不在意其不足（请读者对照第五章第七节来查找其不足），供大家参考。

广西水利电力职业技术学院物流专业学生作品（Word文档）

物流管理专业
职业（岗位）认知文本

肆同

成员：李佩红（组长） 梁城 刘梦怡 石乾钱

2020年4月26日

目　录

第一部分　本专业培养目标…………………………………………… 61
第二部分　物流管理专业面向的主要就业岗位……………………… 61
第三部分　物流管理专业岗位群对应的主要工作任务……………… 62
第四部分　主要工作任务分析………………………………………… 67
　　主要工作任务一　　入库作业（仓管员）………………………… 67
　　主要工作任务二　　出库作业（仓管员）………………………… 68
　　主要工作任务三　　运输配送计划制订（物流调度员）………… 69
　　主要工作任务四　　运输计划的执行（物流调度员）…………… 70
　　主要工作任务五　　客户业务的沟通工作（物流客服专员）…… 71
　　主要工作任务六　　日常客户关系维护（物流客服专员）……… 72
　　主要工作任务七　　供应商的选择与管理（供应链物资采购员）… 73
　　主要工作任务八　　采购货物的跟踪（供应链物资采购员）…… 74
　　主要工作任务九　　日常工作的管理（仓储主管）……………… 75
　　主要工作任务十　　仓库现场计划的制订（仓储主管）………… 76
　　主要工作任务十一　客户需求分析（物流客服主管）…………… 77
　　主要工作任务十二　客服部门管理（物流客服主管）…………… 78
　　主要工作任务十三　采购计划的制订（采购主管）……………… 79
　　主要工作任务十四　采购业务管理（采购主管）………………… 80
　　主要工作任务十五　智能仓储设备的调度（智能仓储设备调度员）… 81
　　主要工作任务十六　智能仓储设备的维护（智能仓储设备调度员）… 82
第五部分　参赛收获…………………………………………………… 83
第六部分　参考文献…………………………………………………… 83
　　一、专业资料………………………………………………………… 83
　　二、职业标准………………………………………………………… 84
　　三、国家或省（自治区、直辖市）颁布的专业教学标准………… 84
　　四、人才网招聘信息………………………………………………… 84
　　五、专业人才培养方案……………………………………………… 84
　　六、参考书籍………………………………………………………… 84

第一部分 本专业培养目标

本专业的培养目标为:

本专业培养思想政治坚定、德技并修、全面发展,主要面向物流、制造、零售、国际贸易等行业企业,从事仓储管理、供应链物资采购、物流调度、物流客服等工作的高素质技术技能人才。

第二部分 物流管理专业面向的主要就业岗位

本专业面向的主要就业岗位分为三部分,即初始就业岗位、发展岗位和新岗位。初始就业岗位主要指本专业毕业生刚毕业进入社会从事的与本专业相关的职业岗位。发展岗位主要指本专业毕业生在初始就业岗位上获得一定工作经验后可升迁的职业岗位。新岗位是指本专业最近才出现的或不久的将来会出现的岗位。经过调研分析,我们小组结论见表7。

表7　　　　物流管理专业面向的主要就业岗位一览表

岗位类型	主要就业岗位名称	对应的职业资格证书举例	备注
初始岗位	仓管员	物流员	国家职业资格四级
	物流调度员	助理物流师	国家职业资格三级
	供应链物资采购员	助理物流师	国家职业资格四级
	物流客服	物流员	国家职业资格四级
发展岗位	仓储主管	物流师	国家职业资格二级
	物流客服主管	助理物流师	国家职业资格二级
	采购主管	物流师	国家职业资格二级
新岗位	智能仓储设备调度员	智能仓储设备运行操作员	国家暂无制定相关职位等级

第三部分 物流管理专业岗位群对应的主要工作任务

主要就业岗位	主要工作任务	操作技能	相关知识	工作态度
仓库管理员（初始岗位）	1. 入库作业	1. 入库单据审核 2. 不同货物的验收操作 3. 入库货物的合理分类 4. 入库设备操作 5. 入库系统操作 6. 5s 管理执行	1. 各类单据入库申请的内容、编写要求 2. 验收操作方法分类 3. 普通入库所需叉车、堆垛机、托盘等类别及使用 4. 货物性质 5. 入库作业标准 6. 入库作业安全防护措施 7. 货物组托方法	1. 应该培养良好的工作态度和作风，形成良好的工作习惯 2. 仓库工作人员要求做事细心、认真、负责、诚实，有良好的团队意识及职业道德。对于上级下达的任务要按时按质完成 3. 在正常工作下不允许离开仓库
	2. 出库作业	1. 出库货物拣选 2. 出库设备操作 3. 出库系统的操作 4. 拣货单的绘制 5. 拣货路线优化 6. 月台货物的清点 7. 5s 管理执行	1. 重型货架、阁楼货架、电子标签货架等货架操作使用 2. 各类拣选单识别 3. 普通出库所需叉车、堆垛机、托盘等类别及使用 4. 拣选路径优化 5. 出库作业标准 6. 出库作业安全防护措施	

续表

主要就业岗位	主要工作任务	操作技能	相关知识	工作态度
物流车辆调度员（初始岗位）	1. 运输配送计划的制订	1. 客户订单系统的操作 2. 办公软件和ERP物资管理系统等计算机应用操作 3. 配送车辆合理调度 4. 用Word软件编写运输配送方案 5. 配送成本的计算	1. 物流成本实务 2. 节约里程法 3. 车辆调度分析 4. office办公软件的应用 5. 计算机基础应用	1. 熟悉物流管理业务流程，有丰富的流程管理操作技能 2. 良好的沟通及谈判能力，团队管理能力，独立工作能力强，能承受较大工作压力
	2. 运输配送计划的执行	1. 团队沟通协调能力 2. 订单系统的操作 3. 客户订单的跟进和问题处理	1. 计算机基础应用	
物流客服专员（初始岗位）	1. 客户业务的沟通工作	1. 客户沟通协调 2. 业务问题处理 3. 业务系统操作 4. 客户信息的分类整理	1. 物流标准作业流程 2. 计算机基础应用 3. 基本礼仪与沟通 4. 不同物流企业其他重要信息（价格、速度、查询等） 5. 货物的种类与性质 6. 物流的运输方式 7. 客户服务标准流程	1. 具有较强的沟通能力、异常处理能力 2. 工作细心、反应敏捷，责任心强，具有团队合作精神和良好的客户服务意识
	2. 日常客户关系维护	1. 表达能力 2. 良好的人际沟通与协调能力 3. 团队合作能力	1. 人际交往沟通与礼仪 2. 个人形象塑造	

续表

主要就业岗位	主要工作任务	操作技能	相关知识	工作态度
供应链物资采购员（初始岗位）	1. 供应商的选择与管理	1. 采购成本与价值分析 2. 相关市场预测 3. 谈判优势分析 4. 供应商档案的填制 5. 采购订单的制作	1. 采购市场认知 2. 相关法律和政策 3. 采购业务流程认知 4. 自然科学认知 5. 社会心理学 6. 基础文化知识 7. 采购流程标准 8. 采购订单制作标准	1. 身体健康、吃苦耐劳、有上进心、有责任心和团队协作精神 2. 善于思考，能独立地分析问题做分析报告，拥有开放的心态，乐于与人沟通，具有团队协作意识，达成目标任务的完成
	2. 采购货物的跟踪	1. 良好的人际沟通能力 2. 计算机的使用 3. 物流服务商的选择 4. 采购记录的填制	1. 不同物流企业的相关信息 2. 人际沟通与礼仪 3. 计算机基础应用	
仓储主管（发展岗位）	1. 日常工作的管理	1. 仓储规划设计 2. 计算机应用能力 3. 仓储设备的操作 4. 仓储人员工作调度 5. 处理异常问题的能力 6. 仓储管理软件的使用 7. 5s 管理 8. 出入库台账的编制	1. 各类单据入库申请的内容、编写要求 2. 普通出入库所需叉车、堆垛机、托盘等类别及使用 3. 货物性质 4. 出入库作业标准 5. 出入库作业安全防护措施 6. 货物装卸工作安全规范 7. 5s 管理原则 8. 各类台账的编制标准	1. 良好的管理意识、沟通能力、协调能力及团队协作，较强的分析和解决问题能力 2. 认真对待上级领导布置的任务，也要对下层员工负责

续表

主要就业岗位	主要工作任务	操作技能	相关知识	工作态度
仓储主管（发展岗位）	2.仓库现场计划的制订	1.仓储规划设计能力 2.库存控制能力 3.仓库平面规划图、货品看板图、物料标识牌的绘制 4.货品存放位置编号 5.长效检查机制的编制	1.计算机的基础应用 2.各类货架的性质 3.仓储作业流程标准	1.良好的管理意识、沟通能力、协调能力及团队协作，较强的分析和解决问题能力 2.认真对待上级领导布置的任务，也要对下层员工负责
物流客服主管（发展岗位）	1.客户需求分析	1.客户问题归类分析 2.客户市场调研	1.计算机的基础应用 2.数据收集与分析 3.市调调研办法 4.市调调研报告撰写方法	1.要有强烈的客户第一服务意识，对客户需求敏感，关注客户体验、勇于突破与尝试新服务模式，对服务有自己的理解和思考，具备服务模式创新能力 2.能独当一面，好奇心强，善于学习，积极创新，责任感强，工作积极主动
	2.客服部门管理	1.标准客服作业程序的编制 2.标准服务流程管控 3.资源的协同和整合 4.客诉问题的处理	1.人际沟通与礼仪 2.行业标准程序的制定方法 3.客户服务流程执行标准 4.相关的法律法规	

续表

主要就业岗位	主要工作任务	操作技能	相关知识	工作态度
采购主管（发展岗位）	1. 采购计划的制订	1. 所属采购范畴内产品、质量要求的精通 2. 公司货物出入库流程的操作管理 3. 对办公设备、软件以及计算机网络的熟练操作使用 4. 草拟采购合同	1. 计算机基础应用 2. 自然科学 3. 物流仓储实务 4. 相关行业的产品质量标准 5. 合同法和招标法等有关法律 6. 采购合同的制作标准	1. 具备较强的书面与口头表达能力、敏锐的观察能力和反应能力，良好的组织和协调能力 2. 具有较高的采购技巧和谈判、沟通能力，能够开发、甄别供应商，能够很好地处理与供应商的关系
	2. 采购业务管理	1. 物流采购专业知识的掌握 2. 沟通技巧、谈判、合同法的掌握 3. 小型轿车的驾驶技能 4. 团队合作、沟通、协调能力	1. 采购管理实务 2. 相关的法律法规 3. 人际沟通与礼仪	
智能仓储设备调度员（未来岗位）	1. 智能仓储设备的调度	1. 计算机操作能力 2. 出入库流程路径优化 3. 储位规划 4. 操作指令的下达 5. 仓储系统操作 6. 仓储空间的合理规划	1. 出入库流程执行标准 2. 智能设备操作指令说明 3. 计算机的应用 4. 无人化仓库区域规划	1. 要有强大的自驱力，保持对成功的渴望 2. 出色的人际沟通能力、团队协作精神与团队建设能力 3. 精力充沛、抗压能力强，能够在压力下出色完成任务
	2. 智能仓储设备的维护	1. 设备常见问题处理 2. 设备日常保养 3. 设备检查	1. 设备操作说明书 2. 设备保养手册	

第四部分 主要工作任务分析

主要工作任务一 入库作业（仓管员）

主要工作任务描述	在确保商品存储过程的安全，严格执行入库作业程序标准，认真履行入库作业各环节职责的情况下，及时完成入库货物存储工作。	
工作内容及步骤： 1. 入库作业前准备工作，仓管员审核相关单据信息与实际数量是否一致，选择相应装卸、搬运设备以及存储货位。 2. 货物搬卸工作，安排人员正确操作叉车将托盘货物放置地面，检查货物无异常后，由地牛拉入仓库堆垛区。 3. 货物堆垛作业，货物根据货物组托示意图进行组托并粘贴条码。 4. 上架入库操作，手持终端接收指令后，根据上架储位示意图命令叉车或安排人手按照上架优化路线进行货物上架。 5. 后续处理工作，根据要求在入库单填入相应内容并签字确认，工作结束后将设备归还原处，打扫现场，带走垃圾。	**工具、材料、设备与资料** **工具**：office办公软件、安全帽。 **设备**：叉车、堆高机、托盘、货架、手推车、手持终端、条码打印机、激光打印机、仓储管理系统。 **材料**：A4打印纸、条码打印纸。 **资料**：配送单、入库任务单、货物组托示意图、条码编制表、上架储位示意图、物动量ABC分类表。 **工作方法：** ◆ 审核单据 ◆ 合理组托 ◆ 信息录入 ◆ 建立货物明细卡 ◆ 货物入账 ◆ 建立仓库工作档案 ◆ 签单执行 **劳动组织方式：** 供应链物资采购员清点货物，仓管员进行检查货物包装，仓管员与送货员进行交接。	**工作要求：** 1. 学历要求：大专及以上学历，物流管理、国际贸易、财务管理等相关专业。 2. 资历要求：获得助理物流师资格证。 3. 专业能力要求：熟悉《入库作业基本流程》与《堆码标准》，能够正确使用搬运工具。具有安全操作意识。 4. 综合素质要求：工作认真负责、细心，勤快有条理，能吃苦。

主要工作任务二　出库作业（仓管员）

主要工作任务描述	出库作业商品离开仓库时所进行的验证、配货、点交、复核、入账等，是仓库业务活动的重要环节。	
工作内容及步骤： 1. 出库作业前准备工作，收集客户订单数据，选择相应装卸、搬运设备。 2. 出库系统操作，登录仓储管理系统录入客户订单信息，并将货物分配信息发送手持终端。 3. 重型货架搬卸装运工作，根据手持终端指令指挥叉车装卸货架货物并清点所需货物，放置月台。 4. 其他货架货物打包，根据手持终端指令将使用手推车阁楼式、电子标签货架、散货区货架理货区打包，打包后送至月台。 5. 货物分配，根据货物点检单分配并清点客户货物数量。 6. 单据确认，仓管员、主管、配送员在货物点检单上签字。 7. 后续工作，设备归位，打扫现场，带走垃圾。	**工具、材料、设备与资料** **工具：** office办公软件、安全帽。 **设备：** 重型货架、阁楼货架、立体仓库叉车、堆垛机、托盘、手推车、手持终端、激光打印机、仓储管理系统、物流箱。 **材料：** A4打印纸、扎带、包装箱。 **资料：** 客户订单、点检单、各类货区拣货单、月台分配示意图。 **工作方法：** ◆ 清点货物 ◆ 收集客户订单 ◆ 出库设备准备 ◆ 核实打包 ◆ 核对货物点检单 ◆ 装载上车 ◆ 物品发运 **劳动组织方式：** 仓管员进行货物清点，与运输部门办理交接手续。	**工作要求：** 1. 学历要求：大专及以上学历，物流管理等相关专业。 2. 资历要求：获得助理物流师资格证，具有从事本行业物资仓储2年以上的工作经验。 3. 专业能力要求：熟悉《仓储作业管理》，严格执行《出库作业流程》，做到"三不、三核、五检查"，坚持"先进先出"原则，具备安全操作意识。 4. 综合素质要求：工作认真负责、细心、稳重，工作计划性强。

主要工作任务三　运输配送计划制订（物流调度员）

主要工作任务描述	根据客户信息、订单信息、车辆信息等，来制订运输配送计划。	
工作内容及步骤： 1. 相关信息收集，收集配送目标的相关路线信息、车辆信息、时间要求等信息。 2. 客户优先权分析，通过客户权重分析法将客户进行分级。 3. 绘制客户路线优化示意图，根据客户所在位置，并结合时间、距离等因素绘制配送路线图。 4. 绘制车辆装配示意图，根据货物性质、货车空间等因素绘制车辆装配示意图，有效合理规划空间和降低出错的可能性。 5. 运输成本预估，将本次计划使用的设备、车辆、消耗物资等通过计算公式计算得出大致所需成本。 6. 计划审核，将做的计划方案交于上级领导审核。	**工具、材料、设备与资料** **工具**：电脑、GIS 地理信息系统、office 办公软件、移动电话、打印机。 **材料**：A4 打印纸。 **资料**：客户优先权分析表、节约里程表、客户配送路线优化示意图、车辆装配示意图。 **工作方法：** ◆ 确定配送计划目的 ◆ 收集相关数据资料 ◆ 整理配送的要素 ◆ 制订初步配送计划 ◆ 与客户协调沟通 ◆ 确定配送计划 ◆ 节约里程法 **劳动组织方式：** 根据客户订单信息，物流调度员制订配送计划，上级领导进行审核。	**工作要求：** 1. 学历要求：中专、大专及以上学历，物流管理、会计等专业。 2. 资历要求：获得助理物流师资格证、机动车驾驶证。 3. 专业能力要求：熟悉《物流成本实务》，遵守公司《车辆调度管理制度》，计划的制订也要考虑到每种货物都有各自的特性、重量体积和外在因素。 4. 综合素质要求：工作负责认真、善于沟通，有较强的学习能力、流程管理操作技能。

主要工作任务四　运输计划的执行（物流调度员）

主要工作任务描述	执行运输计划，同时还需要跟进由于物流运输而产生的投诉，并给出处理结果。	
工作内容及步骤： 1. 计划前的准备，与司机、仓储部门确定好配送时间和车辆情况。 2. 货物装运，现场指挥工人按照装配示意图进行装运工作。 3. 车辆派发，将相关配送路线信息和注意事项发至司机驾驶终端。 4. 后续工作，与客户确定货物到货情况。	**工具、材料、设备与资料** **工具：** 计算机软件及司机调度系统、office办公软件、电脑、移动电话、安全帽。 **资料：** 优化车辆行走路线图、配送装载图、车辆及司机联系表。 **工作方法：** ◆ 车辆安排 ◆ 车辆配载 ◆ 确定车辆 ◆ 车辆派发 ◆ 装卸人员调度 ◆ 司机调度管理系统操作 **劳动组织方式：** 调度员进行计划执行，与仓管员及相关部门联系，做好协调服务工作。	**工作要求：** 1. 学历要求：中专、大专及以上学历，物流管理、会计等专业。 2. 资历要求：获得助理物流师资格证、机动车驾驶证。 3. 专业能力要求：熟悉《中华人民共和国道路运输条例》与《道路货物运输及站场管理规定》等国家货物运输的各项规章制度。 4. 综合素质要求：具有较强的分析能力和协调能力，具有团队精神。能及时调整物流配送过程中不合理的路线安排。

主要工作任务五　客户业务的沟通工作（物流客服专员）

主要工作任务描述	负责电话的接听，受理临时客户下单、客户咨询、客户查货、客户投诉等，跟进业务受理后处理情况。	
工作内容及步骤： 1. 工作前准备，核对早会注意事项，检查耳麦、电脑等设备是否无误。 2. 受理客户问题，受理临时客户下单、咨询、查货、投诉等问题。 3. 业务后续跟进。收集客户相关问题及信息交予有关领导和部门，得到反馈以后告知客户处理结果。 4. 客户评价，业务结束以后，询问客户本次服务意见，并整理成档案。	**工具、材料、设备与资料** **工具**：电话、耳麦、office办公软件、电脑。 **资料**：客户沟通记录表。 **工作方法：** ◆ 接听客户来访电话 ◆ 客户答疑 ◆ 相关客户信息整合 ◆ 顾客满意程度分析 **劳动组织方式：** 客户服务人员接到用户呼叫时，用最有效方法进行处理，收集客户反馈信息，向上级领导汇报。	**工作要求：** 1. 学历要求：大专及以上学历，物流管理、文秘等专业。 2. 资历要求：获得普通话水平资格证、物流员证。 3. 专业能力要求：熟悉公司工作内容、职责，掌握公司业务知识和物流标准作业流程，能及时处理物流客户的投诉与咨询等。 4. 综合素质要求：普通话标准，良好沟通协调能力以及应变能力，有吃苦精神。熟练操作办公设备及office软件。

主要工作任务六　日常客户关系维护（物流客服专员）

主要工作任务描述	负责维护良好的客户关系。	
工作内容及步骤： 1. 访问工作前准备，确定访问目标相关信息，准备相关调查问题、礼品并调整心态。 2. 访问客户，通过走访、电话、网络调查问卷等方式与客户交流，赠送礼品。 3. 客户调查报告的制作，收集并整理问卷信息和客户反馈意见，制作成客户调查报告。 4. 后续工作处理，将报告上交领导，根据领导意见，改进工作流程。	**工具、材料、设备与资料** **工具：** 座机、耳机、电脑、office办公软件、打印机。 **材料：** A4打印纸。 **资料：** 客户意见记录表。 **材料：** 礼品（雨伞、挂饰、台历、优惠券等）。 **工作方法：** ◆ 收集客户信息 ◆ 了解并分析客户需求 ◆ 规划客户服务方案 ◆ 建立客户档案 ◆ 客户质量跟踪记录 ◆ 日常客户关系维护 **劳动组织方式：** 客服人员需要维护客户关系，收集客户反馈，并汇报上级领导。	**工作要求：** 1. 学历要求：大专及以上学历，物流管理、文秘等专业。 2. 资历要求：获得普通话水平资格证、物流员证。 3. 专业能力要求：熟悉《客服部部门管理章程》，做到明确物流客户的服务需求；注重客户服务的对比性。 4. 综合素质要求：熟练掌握计算机使用技能；能运用网络和办公软件，顺利完成各项文件的编制、管理，进行客户相关信息的搜集整理；工作热情，有责任心。

主要工作任务七　供应商的选择与管理（供应链物资采购员）

主要工作任务描述	对供应商进行评估与选择，对供应商评定能力服务等级，根据等级实施管理。	
工作内容及步骤： 1. 确定关键的资源需求，通过各部门反馈和企业战略来确定所需的关键物资。 2. 筛选潜在供应商，根据相应条件选择符合标准的供应商。 3. 与目标供应商接触，向供应商发出合作意向电子邮件。 4. 供应商对比，向目标供应商索要服务数据。 5. 制作供应商的档案和分析报告，将收集来的供应商信息制作成档案并做出分析报告交于上级领导查阅，选出适合合作的供应商。	**工具、材料、设备与资料** **工具：**office 软件、电脑、打印机、移动电话。 **材料：**A4 打印纸。 **资料：**销售计划、生产计划、物料需求清单、设备维修计划、技术改造计划、基本建设计划、科研计划、存量管制卡、供应商资料登记表、相关物资的报价单。 **工作方法：** ◆ 资源市场分析 ◆ 资源市场调查 ◆ 访问调查法 ◆ 直观判断法 ◆ 考核选择 ◆ 招标选择 ◆ 协商选择 **劳动组织方式：** 1. 由采购部市场调研后，选择供应商名单。 2. 由公司成立采购、质管、技术部门的供应商评选小组。 3. 由采购部实地调查。	**工作要求：** 1. 学历要求：大专及以上学历物流管理等相关专业。 2. 资历要求：获得采购员证、助理物流师资格证。 3. 专业能力要求：熟悉《采购管理实务》，掌握采购管理流程，具备一定评估、筛查供应商的知识。具备相关采购市场的预判能力。 4. 综合素质要求：工作严谨细致、原则性强，具有较强的沟通协调能力及抗压能力，工作积极主动。

主要工作任务八　采购货物的跟踪（供应链物资采购员）

主要工作任务描述	采购员按采购订单所载明的物料、品名、规格、数量及交货期限进行跟踪。	
工作内容及步骤： 1. 制作订购单，根据各部门物料需求报表绘制订购单并交于主管审核。 2. 订单跟踪，通过电话确定、跟车等方式进行货物跟踪。 3. 物料检验，清点货物数量，通过抽样法检查物料质量是否符合要求。 4. 订单更改问题，当订购数量出现缺货、少货、破损等问题时，及时向供应商沟通处理。 5. 物料进仓监督，供应链物资采购员现场协助和监督物料入库作业。 6. 整理工作，总结归纳本次采购工作中存在的不足和改进方法。	**工具、材料、设备与资料** **工具：** office 软件、电脑、移动电话、安全帽。 **资料：** 销售计划、生产计划、物料需求清单、技术改造计划、基本建设计划、存量管制卡、劳动生产率分析表、价格预期表、供应商联系手册。 **工作方法：** ◆ 制定订购单 ◆ 联单法 ◆ 统计法 ◆ 定期跟催 ◆ 解决订单问题 **劳动组织方式：** 供应链物资采购员制作订购单，与仓储部门沟通，采购主管进行审核。	**工作要求：** 1. 学历要求：大专及以上学历，物流管理等相关专业。 2. 资历要求：获得采购员资格证、助理物流师资格证。 3. 专业能力要求：熟悉《采购管理实务》，掌握采购管理流程，具备良好的市场洞察力、一定的成本管理意识。 4. 综合素质要求：熟悉采购管理流程，了解原材料的基本知识。具有较强的沟通、协调能力，富有开拓精神。具备成本意识及价值分析能力，吃苦耐劳，责任心强。

主要工作任务九　日常工作的管理（仓储主管）

主要工作任务描述	组织指导材料、成品入库、仓储、出库等环节的工作，编制相应台账，并及时反馈仓库状态。	
工作内容及步骤： 1. 负责仓库整体工作及现场作业监督与管理工作。 2. 负责作业的收集与分析，根据公司的生产销售能力，确定原材料及产品的标准库存量并制订相关改善方案。 3. 及时与生产部和市场部沟通，保证生产用原材料的库存供给和市场部发送产品所需的库存供给。 4. 负责定期编制采购物品的入货台账、退货台账以及库存台账。 5. 员工职业素质培训，根据计划，合理对员工进行培训。 6. 定期总结工作，根据要求定期编写报告，对自己这段时间内的工作安排进行评价与总结。	工具、材料、设备与资料 工　具：office软件、金蝶ERP系统、Word、Excel软件、电脑、打印机、移动电话、安全帽。 材料：A4打印机、台账模板。 资料：进出管理制度、入账登记、出账记录、培训计划表。 工作方法： ◆　设置各类物资最低库存 ◆　录入系统 ◆　核查工作 ◆　分类整理 ◆　提出处理意见 ◆　员工管理 劳动组织方式： 根据仓库布局管理，确保产品正常进出库房以及产品的完整性。	工作要求： 1. 学历要求：大专及以上学历；物流管理相关专业优先。 2. 资历要求：获得物流师资格证；机动车驾驶证。 3. 专业技能要求：需要掌握对总仓物料定期盘点和清仓的技能，做到"账、物、卡三者相符"的原则；熟悉办公软件操作，具备基础网络知识。 4. 综合素质要求：具有较强的独立学习和工作的能力；具有良好的职业操守及团队合作精神。

主要工作任务十　仓库现场计划的制订（仓储主管）

主要工作任务描述	根据实际工作状况，积极提出经营和管理的合理化建议，物料进仓入库，储位的筹划与正确地摆放，对现场制订出工作计划。

工作内容及步骤：	工具、材料、设备与资料	工作要求：
1. 仓库工作区域划分，为了更好地利用现有的仓库空间，根据实际需要分出堆垛区、退仓区、处理区、发货区、备货区、售后区、次品区等区域。 2. 人力资源培训计划制订，本着以人为本的核心，提升现有人员的仓库管理知识水平。 3. 目视化管理制定，将对所有货品所在区域的叠装、挂装的铁架或木柜都开始挂(80cm×60cm)规格的黑板，在黑板上登记货物相关信息。 4. 岗位职责划分，在前期规划运作的基础上，制定和划分仓储主管岗位职责、组长岗位职责、仓库管理员职责等具体岗位职责。 5. 计划实行总结，计划运行一段时间后，分析计划可行性，判断是否需要继续改进运行或终止。	**工具**：计算安全库存的工具、打印机。 **材料**：A4打印纸。 **设备**：数据库PFEP、EDI。 **资料**：权重分析表、进货准确率、进货量、出货准确率、出货量、理货错误率。 **工作方法**： ◆ 提取库存数据 ◆ 整理数据 ◆ 编制计划 ◆ 库存水平分析 ◆ 制定控制措施 ◆ 执行计划 ◆ 维护基础数据 ◆ 核对系统数据 **劳动组织方式**： 仓储主管核算每日账料，与供应链物资采购员查询数据是否匹配，安排仓管员进行第二天巡查仓库，然后仓储主管与其他部门交流工作。	1. 学历要求：大专及以上学历；物流管理相关专业优先。 2. 资历要求：获得物流师资格证；机动车驾驶证。 3. 专业技能要求：了解产品的存储及包装规范；掌握仓库管理运行技能，能够维护改造计划。 4. 综合素质要求：具有良好的职业道德操守，工作认真负责；具备良好沟通表达能力，认同企业文化。

主要工作任务十一　客户需求分析（物流客服主管）

主要工作任务描述	负责与客户信息沟通，维护和服务客户，处理客户反馈。	
工作内容及步骤： 1. 准备工作，根据员工客户情况报表进行涉众分析、业务范围分析。 2. 需求捕获，分析数据中提取客户相关求。 3. 需求分析，将客户需求进行分析，判断是否需要进行业务改进或项目开拓。 4. 需求验证协助，协助业务部门开展实验项目。 5. 需求管理，对需求形成、需求评审、需求调整进行管理。	**工具、材料、设备与资料** **工具：**office软件、电话、电脑。 **资料：**客户服务知识、电脑基础知识及常用软件知识、产品动态及应用方面知识、经济合同知识。 **工作方法：** ◆ 管理客户档案 ◆ 建立客户关系维护相关方法 ◆ 汇总、整理客户的需求和问题 ◆ 定期制作客户服务报告 ◆ 及时处理客户纠纷 ◆ 妥善处理意见、建议 ◆ 控制消费者满意度的跟踪及分析 **劳动组织方式：** 物流客服主管进行需求分析，协助业务部门开展实验项目。	**工作要求：** 1. 学历要求：大专及以上学历。 2. 资历要求：获得物流师资格证；普通话水平资格证；具备实际案例服务及后期项目客服工作经验，1年以上管理经验。 3. 专业技能要求：熟练使用office办公软件，具有客户信息的整理与分析能力。 4. 综合素质：良好的沟通能力及较强的抗压能力。

主要工作任务十二　客服部门管理（物流客服主管）

主要工作任务描述	负责客服团队的日常管理、监督、指导、培训、评估，制定客户服务规范、流程和制度。	
工作内容及步骤： 1. 人员调度，负责客服账号分配、排班，确保所管各岗位工作有序、及时、对接。 2. 工作巡查，检查客服人员即时处理在线咨询、在线销售、售后服务等工作过程中所出现的各种问题。 3. 组织召开客服例会，针对客服部门人员存在的问题进行指导培训。 4. 跟进每日订单记录，对订单下单、发货进行跟踪把控，避免出现问题。 5. 工作总结，检查近期客服部门工作安排效果，分析存在问题，并规划好解决方案。	工具、材料、设备与资料 **工具**：office软件、电话、打印机。 **材料**：A4打印纸。 **资料**：客户服务、电脑基础知识及常用软件知识、产品动态及应用方面知识、经济合同法、培训计划表。 **工作方法**： ◆ 统筹、协调 ◆ 资源配置 ◆ 专业技能培训与指导 ◆ 解决部门纠纷 **劳动组织方式**： 执行被批准的上级下达的命令，对下属工作指导、监督并进行绩效考核。	工作要求： 1. 学历要求：大专及以上学历。 2. 资历要求：获得物流师资格证；普通话水平资格证；至少2年以上客服部门工作经验，2年以上客服团队管理经验。 3. 专业技能要求：明确部门的总体任务；具备根据部门人员情况进行合理分工的能力；具有职业操守。 4. 综合素质要求：沟通能力强，具有团队合作精神。

主要工作任务十三　采购计划的制订（采购主管）

主要工作任务描述	精通所属采购范畴内产品、质量要求，掌握公司货物库存信息，编制采购计划。	
工作内容及步骤： 1. 确定采购计划的要点，结合企业的内部情况，以及市场信息等各种要素，进行综合分析。 2. 采购预算制定，根据销售预算为基础来制定采购预算。 3. 商品采购项目和数量的准确核定，根据市场信息的动态情况来决定采购数量和项目资源分配。 4. 编制采购计划，根据各类信息，编制原材料采购计划、设备采购计划等企业所需采购计划。 5. 计划的调整，根据企业内外部采购环境的变化或竞争对手竞争战略的调整，适时修改或调整采购计划。	**工具、材料、设备与资料** **工具：** office软件、移动电话、打印机。 **材料：** A4打印纸。 **资料：** 销售计划、生产计划、物料需求清单、设备维修计划、技术改造计划、基本建设计划、科研计划、存量管制卡、劳动生产率、价格预期。 **工作方法：** ◆ 审核需要采购的物料 ◆ 做好内部需求和信息收集工作、准备工作 ◆ 制定采购预算 ◆ 收集外部资料 ◆ 对选定物料进行分析 ◆ 公式法 ◆ 定量订货法 ◆ 定期订货法 ◆ 经济批量订货法 ◆ 批对批法 ◆ 计划完成情况 ◆ 提出实施措施、意见 ◆ 组织物资的订货与采购 ◆ 建立完整的供应商档案 ◆ 建立采购合同 **劳动组织方式：** 各部门共同完成企业生产任务，确定物料采购数量，保证采购计划编制完成。	**工作要求：** 1. 学历要求：大专及以上学历。 2. 资历要求：获得采购师证；具有1～3年采购经验者优先，有商超类商品采购经验者优先。 3. 专业技能要求：具备采购相关的工作流程以及采购计划的制订能力；具备较强的分析计划能力。 4. 综合素质要求：能熟练运用日常办公软件；具备良好的品格及成本意识。

主要工作任务十四 采购业务管理(采购主管)

主要工作任务描述	对生产计划所要求的到位时限负责,按采购计划进行采购,对采购进行成本实施有效控制,对采购物资存在的质量问题进行纠正,负责与供方进行定期对账。

工作内容及步骤:	工具、材料、设备与资料	工作要求:
1. 采购计划编制,及时了解掌握原材料仓库、成品仓库和配件仓库的库存数量,根据公司的采购计划和仓库的库存信息,分解制订合理采购计划。 2. 账单校对,与供方定期对账,保证往来账目清晰准确。 3. 采购部门人员培训,根据人员存在的问题,进行部门培训。 4. 工作总结,检查近期采购业务工作业绩情况,分析存在问题,并规划好解决方案。	**工具:** office软件、移动电话、打印机。 **材料:** A4打印纸。 **资料:** 营业执照、组织机构代码证、生产许可证、质量管理体系证书、培训计划表。 **工作方法:** ◆ 采购需求的分析 ◆ 了解采购计划 ◆ 供应商管理 ◆ 采购最佳批量与采购时间的管理 ◆ 控制和评价采购 **劳动组织方式:** 由整个采购部门来完成,按照采购过程中提供单据,保证采购业务的质量。	1. 学历要求:大专及以上学历。 2. 资历要求:获得采购师证;具有1~3年采购经验者优先,有商超类商品采购经验者优先。 3. 专业技能要求:熟悉谈判技巧,具有商务谈判能力、计划控制能力和招标采购能力。 4. 综合素质要求:对原材料知识丰富,有很强的谈判及沟通能力;有较强的工作组织能力和管理经验。

主要工作任务十五　智能仓储设备的调度（智能仓储设备调度员）

主要工作任务描述	在上级领导的监督下，智能仓储设备调度员进行仓储系统操作并下达智能仓储设备的调度指令，完成出入库流程调度工作。

工作内容及步骤：	工具、材料、设备与资料	工作要求：
1. 工作前准备，检查无人叉车、无人搬运车、可移动式拣选机器人能否正常运行，零件是否损坏。 2. 入库流程调度，审核单据无误后，将入库货物名称、数量、规格信息录入仓储系统，规划储位区域和智能仓储设备使用数量和行走路径后，将相关指令发送至控制端，开始入库流程操作。 3. 出库流程调度，审核客户订单后，将订单信息输入仓储管理系统后，规划拣选路径和智能仓储设备数量和行走路径并发送相关操作指令至控制端，开始出库流程操作。 4. 5s管理，工作结束以后，下达复位指令并对其充电，随着整理工作台，随着打扫工作现场。	**工具：** 安全帽。 **设备：** 智能仓储调度系统、无人叉车、无人搬运车、可移动式拣选机器人。 **资料：** 进出管理制度、入账登记、出账记录、设备说明书、客户订单、入库任务单、智能仓储运行路径优化规划示意图。 **工作方法：** ◆ 根据企业订单配置对应类型和数量的商品货架 ◆ 计算不同企业订单之间的相似维度 ◆ 接收不同企业订单的出库订单 ◆ 校对订单信息 ◆ 配置最优路径 ◆ 调度设备执行出入库任务 **劳动组织方式：** 按照下达的指令进行操作，协助上级实施对下级的管理和考评，完成上级安排的工作。	1. 学历要求：大专及以上学历。 2. 资历要求：获得智能仓储设备运行资格证。 3. 专业技能要求：熟悉《智能仓储设备操作手册》；熟悉出入库流程，具备操作智能仓储设备能力；具有安全操作知识。 4. 综合素质要求：有较强的数据分析和理解能力。

主要工作任务十六　智能仓储设备的维护（智能仓储设备调度员）

主要工作任务描述	减轻之前维修工作量、在提升维修工作效率的基础上保证设备管理工作的顺利进行。

工作内容及步骤：	工具、材料、设备与资料	工作要求：
1. 前期准备工作，收集该设备维修记录表、日常维护表、设备说明书与维修设备。 2. 设备的定期维护，根据规定定期进行设备维护和调整。 3. 问题诊断，当设备出现问题时，通过软件、物理测试以及拆解设备，寻找问题。 4. 问题处理，根据经验和专家指导解决相关问题。 5. 后续工作，运行设备，根据标准来测试其是否能够正常工作，如果不行，与生产厂家进行沟通设备处理问题。	**工具：** 维修工具箱、设备测试仪器、电压表、移动电话、安全帽。 **资料：** 设备维修记录表、设备日常维护表、设备说明书。 **工作方法：** ◆ 下载维护人员相关信息 ◆ 检查设备 ◆ 正确使用设备 ◆ 建设设备是否正常 ◆ 做好编码信息收集 ◆ 清扫、擦拭设备 **劳动组织方式：** 高素质专业人员操作设备。	1. 学历要求：大专及以上学历。 2. 资历要求：获得智能仓储设备运行资格证。 3. 专业技能要求：熟悉《智能仓储设备维修手册》；具备检查、维修智能仓储设备能力；具有安全操作知识。 4. 综合素质要求：工作态度认真，能吃苦耐劳。

第五部分 参 赛 收 获

团 队 收 获

物流管理专业在供应链上的就业方向十分广泛，通过翻阅大量知网文献、网络资料后，组员一致认为在校期间除了将理论和实践相结合，培养岗位核心能力以外，还要需要拓展自己的课外技能，例如演讲与口才、office办公软件应用、人际交往，才能够满足市场的需求，提高物流管理专业学生就业的竞争力。

另外，职业知识竞赛是一次让我们提高专业技能的机会，加强专业知识的记忆，让学习变得轻松有趣。让平时枯燥无味的课堂知识，在竞赛中变得轻松有趣，在比赛中学习、理解和应用。

最后，参加了这个活动确实投入了不少的时间，说不值得也是假的，在这不算短的时间里让我们更加充分了解自己未来的就业岗位，对于即将出去工作的我们来说，对未来的工作发展少了几分迷惘，增添了几分信心。

合 作 感 想

本次任务，以组长为核心，组长根据个人能力的不同合理分配任务，采取了先分开完成各自任务再进行头脑风暴的方式，确保每个人对任务熟悉的同时，也形成了自己的看法和见解，避免了只有一人满头大汗的情况，在组员明确的协助意愿和组长有效的组织下，使得我们小组产生了真正的内心动力。

第六部分 参 考 文 献

一、专业资料

《物流行业核心岗位能力需求分析——基于应用型本科人才培养视角》——曹细玉、覃艳华、贺兵（中国知网）

《物流仓储主管的职责和职业能力分析与研究》——刘翠娟（中国知网）

《一线仓库保管员操作技能》（百度文库）

《采购物流主管岗位说明书》（百度文库）

《浅议物流岗位能力要求》——牟燕妮、邢思光（中国知网）

《A物流公司仓储运作流程标准化研究》——熊琪（中国知网）
《职业院校仓库管理员岗位培养模式研究》——冯其河（中国知网）
《采购物流主管岗位说明书》（百度文库）
《如何制定采购计划》（百度文库）
《采购主管岗位职责》（百度文库）
《智能化机电设备维护系统探讨》（百度文库）
《物流管理专业人才培养方案》南宁职业技术学院出品
《仓储主管的工作方法》（百度文库）
《客服主管岗位职责及工作内容》（百度文库）
《采购人员日常工作职责和工作内容》（百度文库）

二、职业标准

《物流管理岗位标准》（百度文库）
《青旅物流集团仓库作业流程标准》

三、国家或省（自治区、直辖市）颁布的专业教学标准

《高等职业学校物流管理专业实训教学条件建设标准》（豆丁网）
《物流管理专业教学标准》
《物流师国家职业标准》
《高职物流管理专业顶岗实习标准》

四、人才网招聘信息

广西三能电力工程有限公司人才网招聘信息
重庆融创物业管理有限公司招聘资料

五、专业人才培养方案

《广西水利电力职业技术学院经济管理系各专业人才培养方案》

六、参考书籍

《物流采购管理实务》中国石油大学出版社　李怀湘著

参 考 文 献

[1] 国家职业分类大典修订工作委员会.中华人民共和国职业分类大典[M].北京：中国劳动社会保障出版社，中国人事出版社，2015.

[2] 赵志群.职业教育工学结合一体化课程开发指南[M].北京：清华大学出版社，2009.

[3] 费舍尔，杨琳，赵志群.在工作过程中学习工作过程知识[J].江苏技术师范学院学报(职教通讯)，2008(4)：25-29.

[4] 徐涵.工作过程为导向的职业教育理论与实证研究[M].北京：商务印书馆，2013.

[5] 徐国庆.职业教育项目课程开发指南[M].上海：华东师范大学出版社，2009.

[6] 王璐，徐国庆.从工作过程到知识导向：职业教育教学设计的新发展[J].职教论坛，2020，36(11)：64-67，75.

[7] 姜大源.工作过程系统化课程的结构逻辑[J].教育与职业，2017(13)：5-12.

[8] 姜大源.工作过程系统化：中国特色的现代职业教育课程开发[J].顺德职业技术学院学报，2014，12(3)：1-11，27.

[9] 姜大源.论高职教育工作过程系统化课程开发[J].徐州建筑职业技术学院学报，2010，10(1)：1-6.

[10] 姜大源.论高等职业教育课程的系统化设计——关于工作过程系统化课程开发的解读[J].中国高教研究，2009(4)：66-70.

[11] 徐涵.以工作过程为导向的职业教育[J].职业技术教育，2007，28(34)：5-10.